Norbert Blüm

Aus heiterem Himmel

Norbert Blüm

Aus heiterem Himmel

Wie das Leben so spielt – Geschichten

HERDER

FREIBURG · BASEL · WIEN

Gedruckt auf umweltfreundlichem, chlorfrei gebleichtem Papier

www.herder.de
Satz: Barbara Herrmann, Freiburg
Druck und Bindung: fgb · freiburger graphische betriebe 2006
www.fgb.de
ISBN 13: 978-3-451-29276-7
ISBN 10: 3-451-29276-9

Für
Marita,
Christian, Katrin, Annette

Inhalt

Vorwort

Erfahrung ist das, was übrig bleibt, wenn man das vergessen hat, woraus sie entstanden ist. Geschichten – ob erfundene oder reale – sind Botschaften aus der Zeit, bevor die Erfahrung Erfahrung wurde.

Die Geschichten, die in diesem Buch erzählt werden, haben alle einen realen Kern.

Ihr Tatsachengehalt schwankt zwischen einhundert und zehn Prozent. Der Rest ist Phantasie, und die kommt der Wahrheit bisweilen näher als die Tatsachen selbst.

Alle Geschichten handeln von Leuten, die nie in die Geschichte eingehen werden. Keinem wurde die Ehre zuteil, mit dem Titel „der Große“ oder „die Große“ geschmückt zu werden. Und doch liefert das Leben dieser „kleinen Leute“ den Stoff für große und kleine Tragödien – Komödien sowieso.

Kein Menschenleben ist nichtssagend.

Diejenigen, die sich in den Figuren, die ich beschreibe, wiedererkennen – sie mögen mir verzeihen, wenn ich ihre Geheimnisse verraten habe oder ihnen nur mangelhaft auf die Spur gekommen bin.

Gott hab’ sie selig.

Michel
oder „Die Geschichte von der verlorenen Ehre"

Mein Großonkel Michel, Bruder meiner Oma Lieschen, ist mir in Erinnerung als ein miesepetriger Hagestolz, von dem ich nur wusste, dass er ein korrekt-eintöniges Leben führte.

Jeweils am zweiten Weihnachtsfeiertag besuchte er die Familie seiner Schwester Lieschen, und das war, wie meine Mutter, ihre Tochter, immer erzählte, von ebenso knötteriger Regelmäßigkeit wie seine Besuche kurz nach den Weihnachtsfeiertagen bei uns zu Hause.

Er war immer gleich sorgfältig gekleidet. Ein steif gestärktes, frisch gebügeltes Hemd mit auswechselbarem Kragen, daran eine schwarze Fliege mit weißen Punkten. Aus der oberen Jackentasche lugte ein weißes „Strunz-Tüchlein“. Auf dem Kopf trug er einen kleinen, schwarzen Hut, dessen Ränder rundum halb eingerollt nach oben zeigten. Sein Schnurrbart war ein Kunstwerk und akkurat gepflegt. Die beiden gezwirbelten Schnurrbartspitzen waren elegant nach oben gedreht. In der Hand trug er stets ein uraltes kleines, zusammenklappbares Köfferchen – das wir seltsamerweise „Hebammenköfferchen“ nannten. Warum, weiß ich auch nicht.

Er kam immer zur gleichen Zeit und ging immer nach der regelmäßigen Besuchszeit von sechs Stunden, sprach nie viel, brachte immer eine Flasche Nahewein mit und hinterlegte beim Abschied stets unter derselben Blumenvase einen sorgfältig zusammengefalteten Zehnmarkschein.

Was gibt es von seinem über 80-jährigen Leben zu berichten als immer das Gleiche? Man hätte an seinem Tagesablauf die Uhrzeit ablesen und nach seinem Lebenslauf Planetenbahnen berechnen und Kalender erstellen können. Seine verwandtschaftlichen Beziehungen und überhaupt seine Kontakte mit Mitmenschen hatten sich auf fast rituelle Wiederholungen reduziert. Der Junggeselle Michel hatte etwas mehr, aber nicht viel mehr Berührungen mit dem Leben als ein altertümlicher asketischer Heiliger, der sich auf einer alleinstehenden Säule in der Wüste häuslich eingerichtet hatte.

Montags brachte er seine schmutzige Wäsche zu Tante Tina, seiner Schwester, und holte sie mittwochs als frisch gewaschenes Bündel wieder genau an derselben Stelle ab, wo er sie im Treppenhaus vor der Wohnungstür abgelegt hatte. Worte wurden bei diesem wöchentlichen Wäschewechsel nie gewechselt. Schwester und Bruder begegneten sich dabei noch nicht einmal. Weitere Dienste für ihren Bruder erledigte Tina nicht. Sie hatte alle Brücken zu ihrer Familie abgebrochen – bis auf den anonymisierten Wäscheaustausch mit Michel.

Michel trank täglich einen Schoppen Nahe-Wein, las den Lokalteil seiner Heimatzeitung, studierte die Hochzeits- und Todesanzeigen und rauchte eine Zigarre. Sonntags ging er in die Frühmesse, in der Osterzeit zur Beichte, im Dezember zur Generalversammlung der Kolpingsfamilie und im Dezember besuchte er Lieschen. Sonstige Ereignisse aus dem Leben des Onkels „Selten fröhlich“, wie mein Vater ihn hieß, sind nicht bekannt – außer einem: Im Krieg holte er unter Lebensgefahr die Kolping-Fahne aus dem brennenden, von einer Phosphor-Bombe getroffenen Kolpinghaus. Die Kolpingbrüder legten bei seiner Beerdigung ihm zu Ehren die gerettete Fahne auf seinen Sarg.

Das ist es, was von Onkel Michel und seinem Leben zu berichten ist. Es geht auf zwei Blatt Papier.

Von wegen!

Erst später, als er längst tot und sein Grab schon vergessen war, erfuhr ich von dem Drama des ewigen Junggesellen und verbitterten Kauzes Michel.

Michel, einst ein stolzer, ältester Sohn einer begüterten Küferfamilie, deren Erbe ihm zustand, war in jungen Jahren ein renommierter Bürger und mit einer Jungfrau aus einer ebenso angesehenen, gutbürgerlichen Binger Familie verlobt. Alles war für ein Leben in Ehre und Wohlstand eingerichtet. Beide waren füreinander das, was man eine „gute Partie“ nannte.

Da widerfuhr es Michels Vater, dass in seiner Küferei bei einem Unfall einem Küfergesellen die Hand abgeschlagen wurde. Wer hatte auf der Treppe das schwere Fass als Erster losgelassen? Der Meister oder der Geselle? Michels Vater stritt mit dem Gesellen vor Gericht über die Ursache des Unglücks, durch alle Instanzen. Er verlor nicht nur alle Prozesse, sondern auch viel Geld und durch die wiederholten juristischen Niederlagen auch seine Selbstwertschätzung, auf die jede Ehre angewiesen ist. Zu guter Letzt musste er Bankrott anmelden.

Vorbei war es mit der Zukunft des Erben und Küfermeisters Michel. Auch seine Ehre war jetzt beschädigt. So also setzte er sich eines Sonntagnachmittags hin und schrieb seiner Verlobten, dass er ihr nicht zumuten könnte, den Sohn eines Bankrotteurs zu ehelichen, und er wegen verlorener Ehre die Verlobung auflösen müsse. Diesen Brief übergab er ihr wortlos noch am selben Abend.

Jetzt sah sich auch die Braut entehrt, und das ist eine bürgerliche Katastrophe. Lina, die Verlobte, verschwand über Nacht spurlos aus Bingen. Sie ging in Bremerhaven an Bord eines Auswandererschiffes und ließ Michel, Mutter und Vater und Geschwister hinter sich. Ihre Spuren, von ihren verzweifelten Eltern bis nach Amerika verfolgt, verloren sich dort im Wilden Westen.

Michel blieb allein zurück und verbrachte fortan sein Leben einsam in Bingen. Einen Tag wie den anderen – lediglich von zwei Weltkriegen unterbrochen. Ein unscheinbarer Küfergeselle, der niemandem auf- oder gar zur Last fiel.

Michel und seine Schwester Tina hatten aus der Familiengeschichte der „verlorenen Ehre" unterschiedliche Konsequenzen gezogen: Tina floh in „höhere Kreise" und heiratete einen begüterten Mann. Michel verkroch sich in die Einsamkeit einer isolierten Existenz. Beide brachen alle Kontakte zur Gesellschaft ab.

Tina erschien nie in der Öffentlichkeit. Besuch empfing sie nur auf Anmeldung, und dann saß sie kerzengerade wie eine erstarrte Salzsäule auf einem Stuhl ihres Empfangszimmers und erwartete die Fragen ihres Besuchers. Sie gab korrekt Antwort, aber kein Wort zu viel. Sie trieb ihren selbstgewählten Autismus so weit, dass sie noch nicht einmal zur Beerdigung ihres Mannes ans Grab kam. Allein zu

Hause erwartete sie still das Glockengeläut, das ihr anzeigte, dass jetzt der Sarg ins Grab gesenkt wurde.

Michel und Tina zelebrierten ihre Vereinsamung mitten im Leben, aber ohne größeres Aufsehen. Beide waren aus dem Nest gefallene Vögelchen, die nie mehr fliegen lernten.

Als Michel ans Ende seines Lebens kam, gab er seine Zimmer auf, in denen er lebenslang dahingedämmert hatte, und ging klaglos wie bei allem, was er getan hatte, ins Altersheim. Was hatte er noch zu erwarten? So wenig wie seit damals … und dem Brief. Er war dürr geworden. Die Jacke hing über seinen Schultern wie an einem Kleiderbügel.

Hier im Altersheim, ein Jahr vor seinem Tod, ereignete sich jedoch das furiose Finale seines Lebens, mit dem er niemals mehr gerechnet hatte.

Hier im Altersheim stand er eines Abends auf dem Gang vor einer Schwingtür. Er holte noch einmal tief Luft, um Kraft für die „Durchquerung“ zu schöpfen. Da gingen die Flügel der Tür auf, und hindurch humpelte Lina.

„Lina?“ Ist das Lina? „Lina?“ Ja, es ist Lina! „Bist Du es?“

Lina war aus Amerika zurückgekehrt, weil sie in der Heimat sterben wollte. Wie es der Zufall oder das Schicksal wollte, hatte Lina, ohne davon zu wissen, für die letzte Etappe ihres Lebens dasselbe Altersheim ausgewählt wie ihr geliebter ehemaliger Verlobter Michel.

Lina hatte sich nach der Flucht aus verlorener Ehre in einem gottvergessenen Städtchen in Amerika als Hausmädchen verdingt. Strebsam und sparsam wie sie war, wurde sie von einem ebenso fleißigen Metzgergesellen geheiratet, gebar ihrem Mann fünf Kinder und führte fortan ein bescheidenes Leben als Ehefrau und Mutter – fern der

Heimat in Amerika. Sie wollte alles vergessen. Nur die Nachrichten von Fliegerangriffen auf Deutschland beunruhigten sie hin und wieder. Mit ihrem Mann jedoch sprach sie nicht darüber. Auch die Kinder fragten sie nie nach ihrer Heimat. Die Verbindung nach Hause schien abgerissen. So wollte sie es.

Als jedoch die Kinder aus dem Haus und ihr Mann gestorben war, gestand sich Lina endlich das Heimweh ein, das sie ein halbes Jahrhundert lang mit Mühe und Not unterdrückt hatte. Sie kramte ihr Erspartes zusammen, packte ein paar Habseligkeiten ein, nahm ein Fotoalbum ihrer Familie mit und ging zurück nach Bingen, genau so, wie sie einst aus Bingen geflohen war: Hals über Kopf.

Hier also beginnt das späte Happy End eines großen Liebesromans, den das Leben geschrieben hat.

Was sagten sich die beiden, nachdem sie unverhofft und unvorbereitet im Binger Altersheim aufeinander getroffen waren? Worüber sprachen sie miteinander? Über verlorene Ehre, ein vertanes Leben? Gab es Vorwürfe? Haben sie sich eingestanden, dass sie sich zwar aus den Augen, aber nie aus dem Herzen verloren hatten? Haben sie viele Worte gebraucht?

Wie es war, weiß ich nicht.

Oft hätten sie gemeinsam auf der Bank im Garten des Altersheimes das Album mit den Bildern von Linas amerikanischer Familie studiert. Michael hatte keine Fotos zu bieten. In seinem Leben war ihm nichts wert gewesen, festgehalten zu werden.

Sie sollen zärtlich miteinander umgegangen sein. Michel soll sogar hin und wieder gelacht haben: Keiner hätte ihm zugetraut, dass er es überhaupt konnte. Schließlich zogen die Witwe Lina und der Junggeselle Michel sogar noch in ein gemeinsames Zimmer.

Die beiden haben noch ein gemeinsames Weihnachtsfest gefeiert. Es war der letzte Heilige Abend, den Michel erlebte. Unter einem kleinen, zierlichen Weihnachtsbaum hatten sie liebevolle Geschenke füreinander versteckt. Für Michel wollene Handschuhe, für Lina ein Fläschchen Eierlikör.

Es war, als seien sie in ihre Jugendzeit zurückgekehrt.

Sechzig Jahre hatten für Michel an keinem Heiligen Abend die Kerzen auf einem Weihnachtsbaum gebrannt. Sechzig Jahre hatte sich Michel in sein dunkles „Kabäuschen" verkrochen, wenn die Weihnachtsglocken läuteten. Jetzt war es wieder wie „vorher".

Lina und Michel wurden sogar noch zusammen in der Weihnachtsmette gesehen, wohin sie Arm in Arm getrippelt waren.

Und ein verspätetes „Hochzeitsfoto" ließen die beiden Alten auch noch machen. Manche belächelten – halb abschätzig, halb bewundernd – die beiden „alten Jungverliebten", wenn sie händchenhaltend und stillvergnügt gemeinsam durch den Garten schlurften. „Die werden im Alter noch mal gickelig."

Wer ahnte schon etwas von der großen Revolution am Ende ihres Lebens?

Noch ein Jahr dauerte ihr gemeinsames Leben. Dann starb Michel. Die Hand des Sterbenden hielt seine ehemalige Verlobte Lina, verwitwete Smith. Als es zu Ende ging, soll Michel mit knirschender Stimme gesagt haben: „Lina, komm bald. Ich wart' nit mer so lang." Lina hielt sich daran.

Sie nahm sich nach dem Tod von Michel nicht mehr viel Zeit und überlebte ihn nur um neun Monate. Sie soll einen immer zufriedenen Eindruck gemacht haben. Fast immer mit einem leichten Lächeln im Gesicht soll sie auch auf jener Bank im Garten gesehen worden sein, auf der sie im letzten Sommer mit Michel stundenlang in der Sonne gesessen hatte.

In den Briefen an ihre Kinder im fernen Amerika schrieb sie immer von ihrem verstorbenen Ehemann als „unserem Vater". Von dem verstorbenen Michel sprach sie dagegen im Altersheim in Bingen stets als von „meinem Mann".

Die spärliche Habe, die Lina hinterlassen hatte, schickte die Heimleitung nach dem Tode von Lina ordnungsgemäß an die älteste Tochter in den USA. Ein paar Briefe waren dabei. Unter ihnen der Brief, mit dem Michel einst seiner Lina die Auflösung der Verlobung mitgeteilt hatte. Die Tochter verstand den Brief überhaupt nicht. Von einer Verlobung ihrer Mutter hatte sie nie etwas gehört. Sie zerbrach sich darüber allerdings auch nicht den Kopf, sondern verbrannte ihn wie den meisten „Kram" aus der „deutschen Hinterlassenschaft" ihrer Mutter.

Vielleicht haben die beiden, Michel und Lina, in dem einen Jahr vor Toresschluss mehr Glück erlebt als andere in 50 Jahren Ehekrieg. Wer weiß, wer weiß.

Ich jedenfalls gönne meinem Onkel Michel sein großes letzten Glück – nach einem fast vertanen Leben.

Aber war es vertan?

Sonja
oder „Ein letzter Gruß von Deiner Tochter Sonja"

„Ein letzter Gruß von Deiner Tochter Sonja“. So stand es auf dem Zettel, der an eine rote Rose geklebt war, die auf dem Grab von Magdalena Schneider lag.

Magdalena war 90 Jahre alt geworden. Ihre Stieftochter Elke, die ihr zweiter Mann mit in die Ehe gebracht hatte, erbte ihr ansehnliches Vermögens. Elke hatte sich wenig um ihre Stiefmutter gekümmert, die in den letzten zehn Jahren ihres Lebens bettlägerig gewesen war.

Elke wusste nichts von einer „Schwester“ Sonja. Deshalb sollte die Rose auch möglichst schnell wieder vom Grab verschwinden. Sie liegt aber immer noch dort. Eine Frau aus dem Dorf, die Magdalena bis zum Tode gepflegt hatte, bestand darauf, dass die Rose auf dem Grab liegen blieb. So liegt sie also, die Rose, und hält für eine Weile Wind und Wetter stand.

Dieser letzte Gruß ist ein Geheimnis. Manches Grab verwahrt Geheimnisse: „Lass die Toten ruhen.“ Vielleicht ist die Rose ja auch nur ein makabrer Scherz oder das Hirngespinst einer Verwirrten? Im Dorf begann das große Rätselraten.

Und das ist das vorläufige Ergebnis:

Sonja wuchs mit einer Schwester in einem sauerländischen Dorf auf. Als Sonja zwölf Jahre alt war, starb ihre Mutter. Ihr Vater heiratete schon bald wieder. Ein neues Kind wurde geboren, ein Brüderchen.

Der Krieg ging relativ spurlos an der sauerländischen Heimat vorbei. Nur die aus den Städten des Ruhrgebietes und des Rheinlandes vor Fliegerangriffen Geflüchteten oder gar Ausgebombten machten das Dorf bevölkerungsreicher. Meist waren es Verwandte, für die Einheimische unter ihrem Dach Platz freigemacht hatten. Das Hauptkontingent der Evakuierten stellten Frauen und Kinder und ein paar Alte. Die jungen Männer waren im Krieg. Die Älteren, noch Arbeitsfähigen hielten – soweit sie nicht auch im Krieg waren – die Stellung an der Heimatfront in halb oder noch nicht zerstörten Fabriken. Das war der „Dienst fürs Vaterland" der Daheimgebliebenen.

Trotz der immer wieder von der Front eintreffenden Todesnachrichten und trotz des Fliegeralarms hin und wieder ging der sauerländische Alltag scheinbar noch den gewohnten „normalen" Gang. So ist das eben in turbulenten Zeiten. Man wahrt den Schein der Normalität. Mütter und Väter verlieren ihre Söhne, Frauen ihre Ehepartner, Kinder ihren Vater … Dennoch: Im Sauerland geht jeden Morgen die Sonne auf und abends wieder unter. Blauer Himmel wechselt mit dunklen Wolken und Regen. Das Wetter bleibt offensichtlich auch in finsteren Zeiten gleichbleibender Gesprächsstoff, der die Flucht aus den Aufregungen in die relative Belanglosigkeit ermöglicht. Vögel zwitschern, die Schulglocke klingelt pünktlich um acht Uhr, der Bäcker backt sein Brot, der Metzger schlachtet das Schwein und der Briefträger bringt die Post. Sonntags läuten die Kirchenglocken im Sauerland und werktags brennen die Öfen in Auschwitz.

Selbst als der Krieg endlich zu Ende und die Katastrophe amtlich war und als das Dorf sogar noch mehr Zuzug – jetzt von Vertriebenen und Flüchtlingen – bekam, nahm das Leben weiter seinen fast ungestörten Lauf.

Doch so schnell, wie Kapitulationsurkunden unterschrieben werden, endet der Krieg nicht. Totgeglaubte kehren aus der Kriegsgefangenschaft heim, Vermisstenmeldungen wandeln sich in Todesnachrichten. Die Flammen der grausamen Zeiten züngeln immer wieder durch die dünne Decke der grauen Gewöhnlichkeiten.

Die „Normalität“ ist allzu oft nur ein dünner Firnis über der großen Brutalität. Idylle und Groteske sind Nachbarn.

Sonja fühlte sich wohl in ihrer Kindheit, liebte ihre Eltern, ihre Schwester, ihr Brüderchen und ihre Schulfreundinnen. Sie zählte ja zu den Einheimischen.

Zwischen den Einheimischen und den Zugezogenen gab es kleine, fest etablierte Unterschiede und unscheinbare, aber schmerzhafte Diskriminierungen. Die große Tafel an der Stirnseite des Klassenzimmers durfte zum Beispiel nur von den Einheimischen mit dem großen Schulschwamm sauber gewischt werden, und keine Lehrerin (in dieser Zeit gab es nur wenige Lehrer) wagte es, die unausgesprochene Hackordnung zu stören. Doch die Hierarchien waren nicht ganz so stabil, wie sie schienen. In manchen Cliquen mischten sich Einheimische und Zugezogene. Die Frontlinie im Streit verlief auch nicht immer zwischen denen, die schon immer da gewesen waren, und den neu Hinzugekommenen.

Sonjas beste Freundin Anna war ein stilles Mädchen, das mit seiner Mutter aus dem zerbombten Castrop-Rauxel geflohen war und im Sauerland Zuflucht gefunden hatte. Viele Stunden verbrachten die beiden in der kleinen Küche der Wohnung, in der Annas Mutter mit vier Kindern auf dreiundzwanzig Quadratmetern – Schlafzimmer inklusive – hauste. Die Küche war Esszimmer, Wohnzimmer, Vorratskammer und Spielplatz der Kinder. Es ging manchmal hoch her, denn die Wohnung war nebenbei auch die Tratsch- und Gerüchtezentrale der Nachbarschaft.

So war es auch an jenem Tag, als Sonja, wie so oft, mit Anna Mühle spielte. Nebenher und zufällig schnappte sie auf, wie eine Nachbarin Annas Mutter erzählte, dass Sonja gar nicht das leibliche Kind der Familie Müller sei. Sonja brach das Mühle-Spiel ab, denn sie hatte – wie durch einen Blitzschlag aus heiterem Himmel – alle Aufmerksamkeit für ihr Spiel verloren. Sie rannte nach Hause und überfiel den Vater mit der Frage: „Bin ich Dein Kind?“ Wie aus der Pistole geschossen antwortete der Vater: „Ja, mein Kind, was denn sonst?“ Er sagte dies schrill und entsetzt. Sonja wusste schon im selben Augenblick: Der Vater hatte gelogen. Er war nicht ihr Vater.

Sonjas Kindheit war von Stund an vorbei. Sie wurde krank und wieder gesund, aber sie war eine andere Sonja geworden, als sie es vor der Krankheit gewesen war. Über Nacht verwandelte sich eine fröhliche Göre in eine verbissene Detektivin ihrer Vergangenheit. Selbst ihre Geburtstagsfeste dienten ihr dazu, Indizien über ihre verheimlichte Herkunft zu sammeln. Papa war in diesen Tagen immer viel freundlicher zu ihr, als er es zu ihrer Schwester und zu ihrem Bruder an deren Geburtstagen war. Zu viel Freundlichkeit bestärkte ihr Misstrauen noch mehr. Doch der Mut hatte sie verlassen, ihm die Schicksalsfrage noch einmal zu stellen. Er hätte ja sowieso nicht die Wahrheit gesagt, ahnte … wusste sie.

Ihre Patentante Silke war die einzige Vertraute, der Sonja ihre Sorgen beichten konnte. Doch Tante Silke wich ihren Fragen immer aus und hielt sie mit vielen Worten und Ausreden hin. Die Tante war auf dem Jugendamt beschäftigt. Sie wusste Bescheid. Sie kannte die Aktenlage.

Am Tage von Sonjas Volljährigkeit übergab sie ihr mit Zustimmung des Vaters das Dokument ihrer Adoption:

„Sonja Schneider, geb. am 13.03.1932 in Porz. Es ist ein durchaus gesundes Kind von guter Herkunft. Die Mutter steht in bestem Ruf, sie ist Haustochter und stammt aus sehr ordentlicher Familie. Die Eltern haben ein Hotel mit großer Landwirtschaft. Der Vater des Kindes ist angehender Staatsbeamter. Sein Name darf nicht bekannt werden, da sonst seine Existenz Schaden leiden könnte. Weil eine Heirat nicht zustande kommt, soll das Kind zur Adoption abgegeben werden. Beide Eltern wünschen ausdrücklich, dass das Kind einer besseren Familie zur Adoption übergeben wird. Sonja befindet sich zur Zeit im Kinderheim in Köln. Vormunderin ist Fräulein Adele Weber, Köln, Rathausgasse 33. Die Mutter verzichtet darauf, die Anschrift der Adoptiveltern zu erfahren."

Sonja konnte tagelang kein Wort mehr sagen, nachdem sie das Dokument gelesen und immer wieder studiert hatte. Es hatte ihr die Sprache verschlagen. Aber eigentlich war sie gar nicht wirklich überrascht, denn jetzt war ja nur zur Gewissheit geworden, was sie seit jenem Mühlespiel gemutmaßt hatte. Während sie der Zweifel schier erdrückt hatte, war es ihr jetzt, als wäre ihr eine tonnenschwere Last von der Seele gefallen.

Mit diesem Dokument konfrontierte Sonja ihren Vater. Der Vater hatte sie erwartet. Er gestand, dass er ihr ihre wahre Herkunft verheimlicht hatte. Es schien, als wäre auch er irgendwie erleichtert. „Ich tat es dir zuliebe. Du warst mir nicht weniger wert als meine anderen Kinder, und meine Frau nahm mir auf dem Sterbebett das Versprechen ab, dass ich dir immer deine wahre Mutter verheimlichen müsse. Meine neue Frau weihte ich noch vor der Hochzeit in das Geheimnis ein und verpflichtete sie zum Schweigen." Sonja fiel ihm um den Hals und sagte: „Danke, Papa, für die Wahrheit."

In der Nacht erzählte der Vater ihr die große Geschichte vom Geheimnis ihrer wirklichen Mutter. Sie sei eine gute Frau gewesen, bereits mit 17 schwanger geworden. Ihr leiblicher Vater habe die Mutter nicht geheiratet. Sie war eine Wirtstochter aus Heisterbach und für den hohen Staatsbeamten eben nicht standesgemäß gewesen. So war das zur damaligen Zeit.

Die Wirtstochter sollte eine gute Partie machen, wenn sie alt genug war, um verheiratet zu werden. Und so geschah es auch. Sie heiratete den Oberkellner des Restaurants „Petersberg", damals das erste Haus am Platz. Doch die Ehe wurde nicht glücklich. Nach zwölf Jahren ließ Magdalena sich scheiden. Sie heiratete nach einiger Zeit wieder. Der neue Ehemann war ein Kollege ihres ersten Mannes, ein Witwer, der eine Tochter mit in die Ehe brachte. Der Mann war wie geschaffen für die Übernahme des elterlichen Gasthauses. Er war fleißig und brachte

Magdalena finanzielle Sicherheit. Er starb einige Jahre vor ihr. Die Witwe war gut versorgt und somit „sorgenfrei". Wirklich?

Eigene Kinder bekam Magdalena in beiden Ehen nicht. Nur ihre Stieftochter Elke verlebte ihre Kindheit bei ihr. Doch Elke blieb Magdalena fremd. Sonja, ihr einziges Kind, hatte sie verheimlichen und weggeben müssen.

Am Ende der langen Erzählung, der Sonja sprachlos und schwer atmend zugehört hatte, bat der Vater Sonja, nie ihre wirkliche Mutter zu treffen. Sonja gab ihm einen Kuss und sagte leise: „Ja, du bist mein guter Papa. Du hast mich nicht verraten!"

Sonja hatte zugesagt, ihre Mutter nicht zu *treffen*. Sie nicht zu *suchen*, hatte sie nicht versprochen: Sonja suchte also ihre Mutter. Dem Vater entging das nicht. Er wiederholte seine Bitte, aber während er sie aussprach, wusste er schon, dass Sonja von der Spurensuche nach ihrer Mutter nie im Leben abzubringen sein würde. Er fühlte sich hilflos und stellte sich schließlich resignierend ihren Nachforschungen nicht in den Weg. Er tat gar nichts.

Magdalena, die leibliche Mutter von Sonja, hatte schon in den ersten Jahren nach der Adoption immer wieder versucht, die Adresse ihres Kindes herauszubekommen, obwohl sie doch einst erklärt hatte, dass sie auf alle Nachforschungen verzichten würde. Magdalena fand heraus, wo ihr Kind war. Woher sie die Adresse hatte? Keiner weiß es. Magdalena hat unzählige Briefe an die Adoptiveltern ihres Kindes geschrieben. Einer dieser Briefe lautete wie folgt:

„Liebe Familie Müller!
Ich muss noch mal etwas von mir hören lassen. Bin zur Zeit bei meinen Eltern in Heisterbach. Mein Mann ist augenblicklich in Holland. Meine Wohnung ist bei dem letzten Angriff in Köln so ziemlich zerstört. Werde vorläufig auch hier zu Hause bleiben. Nun hätte ich eine Bitte, liebe Familie Müller. Ich hätte so gerne ein Bildchen von der Ersten Kommunion von Sonja. Ich wäre Ihnen sehr dankbar, wenn Sie mir eins schicken würden. Hoffentlich geht es Sonja noch gut.
Mit freundlichem Gruß Ihre Magdalena Weiher."

Die Adoptiveltern verweigerten lange Zeit Magdalena die Antwort auf ihre Briefe. Schließlich jedoch ließen sie sich erweichen. Sie antworteten. Aber die harte Bedingung blieb: Nie dürfe Sonja etwas darüber erfahren, wer ihre wahre Mutter sei.

Magdalena war froh über jedes Lebenszeichen von ihrem Kind, das sie seit der Geburt nicht mehr gesehen hatte. Sie lebte das Leben ihres Kindes aus der Ferne mit. Magdalena steigerte ihre Wünsche. Wenigstens einmal wollte sie ihr Kind sehen.

Und dann das Zugeständnis der Adoptiveltern: „Wir kommen am Sonntag ins Siebengebirge. Wenn Sie versprechen, sich Ihrem Kind nicht zu erkennen zu geben, können Sie zwischen 15.00 Uhr und 15.30 Uhr ihre Tochter im Waldrestaurant ‚Einkehrhäuschen' sehen."

Magdalena versprach alles, was die Müllers wollten. Sie saß schon eine Stunde vorher im Vorgarten des kleinen Gasthauses mitten im Wald und konnte den Augenblick nicht erwarten, ihr Kind zu sehen. Von wo wird meine Sonja kommen? Zum „Einkehrhäuschen“ führen drei Wege. Zwischen den drei Richtungen sprang ihr Blick ständig und hektisch hin und her. Keinen Augenblick mit ihrem Kind wollte sie verschenken.

Bei ihr war ihre Schwägerin, die wusste, warum sie mitgenommen worden war. Ihr als Einziger hatte Magdalena anvertraut, welch großer Tag heute sein sollte. Und irgendjemanden wollte sie dabeihaben, weil sie sich nicht sicher war, ob sie es aushalten würde, sich ihrem Kind zu verheimlichen.

Als Erkennungszeichen hatte man ein rotes Schürzchen vereinbart. Viele Kinder kamen. Eines hatte einen dunkelroten Rock an. Aber es war ja viel größer, als Sonja sein konnte. Nein, das war nicht ihr Kind. Die Uhr lief. Die Wartezeit schien endlos.

Und dann kommt ein wildes, schönes kleines Mädchen. Ihr rotes Schürzchen wallt wie eine Fahne über ihrem dunkelblauen Rock. Sie springt die wenigen Stufen zur Terrasse empor. Sie hüpft und tanzt ausgelassen und fröhlich wie ein Springinsfeld vor ihren Eltern her. Ihr blondes Haar guckt unter einem bunten Kopftüchlein hervor. Rote Socken trägt die kleine Sonja und schwarze Sandalen an den Füßen. In einer Hand schwenkt sie einen kleinen Strauß von Feldblumen, die sie offenbar gerade gepflückt hat. Magdalena will die Arme ausbreiten. Aber sie fesselt sich selbst an ihren Stuhl.

Magdalena hätte die Uhr anhalten können … Eine halbe Stunde war kurz. Als sich ein dicklicher Gast zwischen Sonja und ihre Mutter setzt und ihr so die freie

Sicht auf ihr Kind versperrt, wechselt sie den Stuhl, was Herrn Müller sichtlich beunruhigt, weil er sich nicht sicher ist, ob die Mutter weitere Annäherungsversuche machen will oder sonst noch Überraschungen in petto hat. Sonja trinkt eine Tasse Kakao und will noch ein Eis. Der „Vater" lehnt ab. Die „Mutter" gibt strenge Anweisungen. Magdalena will einspringen und das Eis selbst dem Kind – ihrer Sonja – bringen. Ihr Verstand steht mit ihrem Herzen im Krieg. Der Verstand siegt. Magdalena bleibt regungslos sitzen, so, wie sie es vorher zugesagt hat.

Auch die Müllers halten sich korrekt an den Plan. Nach genau 25 Minuten verlangt Herr Müller die Rechnung. Magdalena ist versucht, die Kellnerin festzuhalten, um noch ein paar Minuten herauszuschinden. Aber nach nur 30 Minuten ist die „Tochter-Besichtigung" zu Ende.

Zum Glück im Unglück gab Sonja im Weggehen ihrer Mutter, von der sie nicht wusste, dass sie ihre Mutter war, noch ein Kusshändchen.

Das war die einzige Stelle in Papas nächtlichem Bericht, an der Sonja ihr Schweigen mit einem kurzen, leisen Schluchzen unterbrach. Ein tiefes Heimweh nach der Mama ergriff sie. Sonja wusste jetzt, dass ihre Mutter sie liebte.

Doch wo ihre Mutter lebte und ob sie überhaupt noch lebte, das verriet „Papa" ihr auch jetzt nicht. Er habe darauf einen Eid geschworen.

Magdalena war auf dem Stuhl des „Einkehrhäuschens" noch lange sitzen geblieben. Mit geschlossenen Augen versuchte sie das Bild ihres Kindes zurückzurufen. Hatte sie alle Eindrücke festgehalten? Die Augen, die Hände, das Lachen … In Ihrem Kopf verwirrten sich die Bilder. Was hatte sie gesagt? Wie war ihre Stimme? …

Magdalena ist verzweifelt.

Sie ließ die Schwägerin sitzen und lief davon – stundenlang durch die Wälder. Hätte sie doch das Versprechen brechen und wenigstens einmal ihr Kind in die Arme nehmen oder vielleicht nur ein Wort zu ihrer Tochter sagen sollen? Jetzt – allein im Wald – rief sie laut den Namen ihres Kindes: „Sonja, Sonja …“ Niemand hörte sie. Es war gut so. Man hätte sie für verrückt gehalten.

Das Leben ging weiter.

Hier und da kam ein ängstlicher Brief von Magdalena an die Adoptiveltern, und immer wieder bat sie um ein „Bildchen“ von ihrem Kind. Die Müllers erfüllten diese Bitten mehr zögerlich als freigiebig.

„Liebe Familie Müller! Ich komme erst heute dazu, Ihnen für das schöne Bildchen zu danken. Hat mich sehr gefreut, ist ja zu reizend. Dass sie so groß und stark geworden ist. Wir haben in unserer Familie auch großes Leid. Mein jüngster Bruder ist in Russland vor 3 Wochen gefallen. Hoffentlich geht dieser Krieg bald zu Ende. Nochmals herzlichen Dank und herzliche Grüße Ihre Magdalena Weiher.“

Sonja führte ein äußerlich unauffälliges Leben. Alles war wie „gewohnt“. Sie hatte den Berufs einer Buchhalterin gelernt und arbeitete im elterlichen Betrieb. Sie heiratete einen Dachdeckergesellen und gebar zwei Kinder. Nach der Geburt der Kinder gab Sonja ihren Beruf auf. Der Mann verdiente das Geld, mit dem sie sich ein Reihenhäuschen bauten wie viele Leute ringsum in der Neubausiedlung.

Doch Sonja konnte den Versuch, ihre Mutter zu finden, nicht aufgeben. So sehr sie sich auf darum bemühte. Immer wieder kreisten die Gedanken in ihrem Kopf: „Wer ist meine Mutter? Wie sieht sie aus?" Wenn das „Einkehrhäuschen" der Ort war, wo ihre Mutter sie als Kind gesehen hatte, musste die Mutter auch aus dieser Gegend kommen. Sie machte sich immer wieder unter allen möglichen Vorwänden dorthin auf und fahndete nach der Mutter.

Es dauerte viele Jahre. Dann hatte sie eine Spur gefunden, die nach Heisterbach führte. Sie wusste, dass die Mutter Wirtstochter war. Es gab drei Gaststätten am Ort. Sie fragte die Nachbarn aus und fand nach vielem Nachfragen das richtige Wirtshaus an der Hauptstraße, in dem ihre Mutter geboren war. Die Schwelle des Hauses überschritt sie aber nicht. Sie studierte aus gebührender Distanz, wer im Wirtshaus ein- und ausging, wer Gast war und wer zum Haus gehörte. Sie setzte ihr eigenes Geburtsjahr zum Alter der Töchter des Wirtes, das sie über verzwickte Umwege trickreich herausgefunden hatte, ins Verhältnis und identifizierte so schließlich ihre Mutter. So also sah ihre Mutter aus. Aber Sonja sprach die Mutter nicht an. Sie kam sich selbst wie eine Verfolgte vor, denn sie musste ihr Detektivspiel tarnen. Nie durfte sie auffällig werden, denn auf keinen Fall sollte sie sich ihrer Mutter zu erkennen geben. Immer eilte sie durchs Dorf, als wäre sie stark beschäftigt und müsste noch viel erledigen, obwohl sie nur eines wollte: einen Blick auf und für die Mutter.

Schließlich fasste sie sich ein Herz, ließ alle Versprechen sausen und schrieb der Mutter einen Brief. Sie sei verheiratet, habe zwei Kinder und wolle so gerne ihre Mutter sehen oder wenigstens ein Bild von ihr haben.

Die Mutter antwortete – aber wie:

„Werte Frau Huber!
Ihren lieben Brief habe ich erhalten. Das Schicksal im Leben ist manchmal sehr hart. Ich habe viele Nackenschläge hinter mir. Bin aber sehr gut verheiratet. Habe einen lieben Mann, der mir sehr gut ist. Ich habe eine Bitte an Sie. Bitte schreiben Sie mir nicht, da ich sonst schließlich Unangenehmes habe. Meine Verwandten und Bekannten wissen davon auch nichts. Ich habe volles Vertrauen, dass Sie das auch mir gegenüber nicht tun werden.
Freundlichen Gruß
Magdalena Weiher"

Und als Nachschrift:
„Mein jetziger Mann weiß auch nichts davon. Das ist ja eine Vertrauenssache. Bitte, bitte schreiben Sie mir nicht, damit ich beruhigt sein kann. Ich musste eben die Gelegenheit ausnutzen, da mein Mann nicht im Hause ist. Haben Sie bitte Verständnis für mich."

Dieselbe Magdalena, die ein Leben lang bei den Adoptiveltern um ein Lebenszeichen („Ich hätte so gerne ein Bildchen") von ihrem Kind gebettelt hatte, schrieb jetzt diesen eiskalten Brief an die Tochter. Was war mit Magdalena geschehen? War sie in ihrem Kummer zur Eissäule erstarrt?

Nein, sie ist das Opfer jener Konventionen geworden, die zur Wahrung des schönen moralischen Scheins nicht einmal vor der Erbarmungslosigkeit zurückschrecken, eine Mutter nicht Mutter sein zu lassen.

Heisterbach ist der Ort, von dem berichtet wird, dass dort ein Mönch, grübelnd über Gott, in einen dreihundertjährigen Schlaf verfiel, aus dem erwachend er verstand: „Dem Herrn ist ein Tag wie tausend Jahre, und tausend Jahre sind ihm wie ein Tag."

Sonja hätte die Ewigkeit hingegeben, wenn sie nur einen Tag ihre Mutter hätte umarmen können.

Das Rheinland ist tief getränkt von frommen Geschichten und Legenden. Die Klosterruine Heisterbach erinnert an eine Zeit großer Glaubenskraft. Hier im Rheinland wurden Dome gebaut, Klöster gegründet, Pilger zogen an den Ufern des Rheins zu fernen Wallfahrtsorten. Hier wurde gebetet, gebüßt, gesungen, gezecht und gelacht, hier wurden Kinder gezeugt und Tote beerdigt.

Die Rheinländer gelten als frommes, fröhliches Völkchen. Doch diese rheinische Religiosität, die so leicht daherkommt, ist auch zu schlimmer Brutalität imstande, wenn es gilt, die äußere Ordnung zu wahren – selbst wenn Menschen daran zerbrechen.

Jesus, in dessen Nachfolge der zweifelnde Mönch stand, hätte Magdalena ans Herz gedrückt, und Magdalena hätte ihrem Herzen nicht jenen Brief abpressen müssen, in dem sie ihre Tochter wie eine Fremde behandelte.

Ja, wie eine Amtsperson hatte sie an ihr Kind geschrieben. Noch nicht einmal ihren Vornamen hatte sie ausgeschrieben. Kein „Du", kein „Dein" zierte den Brief. Mit „Sie" und „Werte Frau Huber" schrieb die Mutter die Tochter an. Eine Welt brach zusammen. Sonja beschloss, das Buch ihrer Kindheit zuzuschlagen: ein für allemal.

Aber sie schaffte es nicht. Wenn sie es gar nicht mehr aushalten konnte, fuhr sie kurz entschlossen immer wieder nach Heisterbach und suchte nach der Mutter. Nicht immer gelang es ihr, sie zu sehen. Dann machte sie sich Sorgen, ob ihr etwas zugestoßen, ob sie vielleicht krank sei. Und wenn sie ihre Mutter sah, dann immer aus der Ferne. Einmal lief sie ihr so unverhofft in die Quere, dass ihr die alte Frau fast über die Füße gestolpert wäre. Sonja entschuldigte sich. Die alte Frau schüttelte ärgerlich den Kopf, brummte etwas wie „Halt doch die Augen auf“ und ging weiter. Jetzt kannte sie wenigstens die Stimme ihrer Mutter.

Sonja gab sich so wenig als Tochter zu erkennen wie Magdalena sich damals im „Einkehrhäuschen“ als Mutter. Wie damals, als Magdalena ihr Kind so gerne in die Arme genommen hätte, so konnte und durfte jetzt Sonja ihre Mutter nicht umarmen. Um alles in der Welt hätte sie es gerne getan. Wie damals trennte eine unsichtbare Mauer des schönen Scheins (oder was auch immer es war) Mutter und Kind.

Die Jahre vergingen. Irgendwann sah Sonja ihre Mutter nicht mehr auf den Straßen des kleinen Ortes, sooft sie auch nach Heisterbach fuhr. Sie suchte sie schließlich auf dem Friedhof. Auf vielen Gräbern las sie die Grabinschriften. Auf einem der Grabsteine fand sie schließlich den gesuchten Namen.

Sonja war bei ihrer Mutter angekommen. Sie kaufte eine Rose und legte sie auf das Grab der Mutter, zu der sie nur einmal im Leben zwei Worte gesagt hatte: „Entschuldigen Sie", und von der sie nur einmal diese fünf Worte gehört hatte bei jenem unverhofften Zusammenstoß auf der Hauptstraße in Heisterbach: „Halt doch die Augen auf!"

Das Kapitel „Mutter" war abgehandelt.

Das Leben folgt jedoch nicht immer den Beschlüssen derer, die es „führen".

Im Dorf war große Unruhe. Was war das für eine Rose auf dem Grab? Wieso Tochter? Hatte Magdalena eine Tochter? In Magdalenas Familie war das Geheimnis von ihrer „weggegebenen Tochter" keineswegs ein so streng gehütetes Geheimnis, wie Magdalena es geglaubt hatte. Einer hat etwas munkeln gehört, eine andere verbreitete ein Gerede. Magdalena erfuhr entweder nie von den Gerüchten, die über sie in die Welt gesetzt worden waren, oder sie schwieg einfach eisern darüber. Sie war überhaupt ein in sich verschlossener Mensch.

Nur dreimal in ihrem Leben hat sie ihr Kind gesehen. Einmal nach der Geburt und einmal eine halbe Stunde im „Einkehrhäuschen". Dass die fremde Frau, mit der sie auf der Straße in Heisterbach zusammengestoßen war, ihre eigene Tochter war, hat sie nie erfahren.

Magdalena starb einsam und verlassen in einem Zimmer ihres elterlichen Hauses. Sie blieb eine karge, stolze Frau bis an ihr Lebensende.

Zwei aus der Verwandtschaft von Magdalena, durch die Rose auf dem Grab alarmiert, leiteten nun ihrerseits eine Fahndung ein. Über viele Standesämter und über zahlreiche bürokratische Hürden hinweg gelang es schließlich, den Ort zu finden, wo man Sonja vermuten durfte. Das Telefonbuch wurde gewälzt, die Auskunft eingeschaltet. Dann der erste Telefonanruf: „Mein Name ist Schneider. Wir suchen unsere Cousine Sonja geborene Schneider, adoptierte Müller, verheiratete Huber.“ Beim ersten Anruf eine freundliche Stimme, aber es war die falsche Sonja. Beim zweiten Anruf eine kurze Pause und dann die Worte: „Ja, das bin ich.“ Sie hatten die richtige – ihre – Sonja gefunden. Es folgten viele Telefongespräche. Immer wieder beharrte Sonja darauf, dass sie mit ihrer Vergangenheit abgeschlossen habe und nichts mehr „von der dunklen Sache“ wissen wolle. Ihre Mutter habe sie nicht kennen lernen wollen. Jetzt wolle sie auch niemanden von Mutters Verwandtschaft kennen lernen. Die Rose auf dem Grab – das sei ihr letztes Wort.

Doch plötzlich meldete sich Sonja von sich aus wieder. Ein Treffpunkt wurde vereinbart: Parkplatz Heisterbach.

Ein Wagen mit fremdem Kennzeichen fuhr vor. Aber die Frau, die ausstieg, war keine Fremde. „Magdalena“ stieg aus. Sonja war ihrer Mutter wie aus dem Gesicht geschnitten. Stolz und schön wie Magdalena – und mit den gleichen stolz-traurigen schwarzen Augen.

Die Cousinen hatten das Familienalbum mitgebracht. Die Bilder einer für Sonja unbekannten Familie wurden auf der Parkbank ausgebreitet. Hochzeiten und Weihnachten und Geburtstage – immer Bilder einer fröhlichen Großfamilie mit vielen Kindern. „Sonja, du hast uns gefehlt …“

Was war wirklich in ihr vorgegangen, als Magdalena wochenlang auf dem Sterbebett lag und mit niemandem sprach und niemanden sehen wollte, sondern wortlos an die Decke starrte, als suchte sie dort etwas Verlorenes? Hat sie vielleicht an ihre kleine Sonja gedacht? An die wenigen Tage, an denen sie zusammen mit ihrem Kind im Wochenbett lag?

Vielleicht suchte sie die Hand ihres Kindes, als sie kurz vor ihrem Tod ihre alten, ausgemergelten Hände wortlos ausstreckte und lange hochhielt. Wer weiß, was sich im Herzen der einsamen Magdalena abgespielt hat? Diese Tragödie bleibt jedenfalls ungeschrieben.

Sonjas Kinder wissen nichts von ihrer wirklichen Oma. Nimmt auch Sonja – wie ihre Mutter – eines Tages das Geheimnis mit ins Grab?

Elvira
oder „Pass auf den Bub auf"

Elvira war eine junge, hübsche Frau. Rank und schlank, lange, schwarze Haare, schwarze Augen, starke und doch fein geschnittene Züge prägten ihr Gesicht. In ihrem Blick lag eine Sicherheit, die sagte, dass sie wusste, wer sie war und was sie wollte. Sie war sich eben ihrer selbst gewiss. Mit anderen Worten: eine reizende Erscheinung, welche die Blicke der Passanten auf sich zog, wenn sie durch die Stadt schlenderte. Tanzkönigin auf dem Abschlussball ihrer Tanzschule war sie, und stolz wie eine Königin blieb sie bis an ihr Lebensende.

Elvira hatte zwei Kinder: Horst und Karl-Ludwig. Ihr Mann Alex war im Krieg.

Horst, der Achtjährige, wurde krank und starb. Alex wurde zur Beerdigung von der russischen Front in die Heimat zurückgeholt. Er kam gerade noch rechtzeitig. Zwei Tage blieb er, dann ging es wieder nach Russland. Beim Abschied waren seine letzten Worte aus dem Zugfenster: „… und, Elvira, pass auf den Bub auf." Elvira winkte traumverloren ihrem Mann nach, sogar noch, als der Zug schon hinter der Gleisbiegung verschwunden war und sie ihren Alex gar nicht mehr sehen konnte. Still und traurig ging sie mit Karl-Ludwig auf dem Arm nach Hause. Ihr kleiner Sohn war jetzt ihr „Ein und Alles".

„Elvira, pass auf den Bub auf!" Diesen Auftrag nahm

Elvira akribisch genau. Sie umhegte und betüttelte den einjährigen Karl-Ludwig. Sie ließ ihr Kind nie aus den Augen – Tag und Nacht. Jeden Lufthauch hielt sie von ihm fern. Jeder kleine Husten versetzte sie in Schrecken. Das Beste, was sie mit ihren Lebensmittelkarten auftreiben konnte, wurde ihm eingeflößt. Ja, sie versetzte sogar ein wertvolles Silberbesteck, um beim Metzger Kalbsknochen zu Wucherpreisen zu kaufen, aus deren Mark sie für Karl-Ludwig nahrhafte Suppen kochte. Bei jedem Fliegerangriff hastete sie mit Karl-Ludwig im Kinderwagen schon beim Sirenengeheul des Voralarms in den Luftschutzbunker. Alles drehte sich um ihr Kind. Sie hielt ihren Karl-Ludwig für das schönste Kind auf Erden. Selbst sein kleines Klumpfüßchen hielt sie für ein Schönheitsmerkmal und verheimlichte es niemandem, der es sehen wollte.

Es war, als hätte sie die Liebe, die sie dem toten Horst nicht mehr geben konnte, der zu Karl-Ludwig noch hinzugefügt.

Alex war jetzt weit weg in Russland und nur mit Feldpostbriefen erreichbar, die lange brauchten, bis sie ihren Adressaten erreichten. Regelmäßig schrieb Alex von der Front und immer mit der Frage: „Wie geht's dem Bub?“. Elvira berichtete seitenlang von Karl-Ludwig. Jeder Fortschritt, jedes neue Wort, das er gelernt hatte, alles wurde dem Vater gemeldet.

Doch dann stockte der Briefeingang aus Russland. Tag für Tag wartete Elvira auf den Briefträger. Wochenlang kein Lebenszeichen. Das Warten fand abrupt ein Ende: Der Briefträger stand vor der Tür und übergab die Vermisstenanzeige von Alex. Für Elvira war das ein Schock. Sie wurde wortkarg. Sie schien ihre Munterkeit eingebüßt zu haben. Doch Elvira klammerte sich an die Hoffnung, dass Alex wieder auftauchen werde, wie sich tausend andere Vermisste auch schon zurückgemeldet hatten.

Ein Jahr nach Horsts Tod wurde der kleine Karl-Ludwig krank. Die Ärzte diagnostizierten Diphtherie – wie bei dem Bruder. Alle Symptome traten der Reihe nach wieder so auf wie zwölf Monate vorher bei Horst. Erst waren die Mandeln mit einem weißen Belag überzogen. Dann kam Fieber. Schließlich phantasierte Karl-Ludwig in Fieberträumen von roten Enten, genau wie sein Bruder vor dem Sterben. Wie in Zeitlupe wiederholte sich der Krankheitsverlauf, und wie Gespenster aus dem Grab traten die Erinnerungen an Horsts Sterben ans Kinderbett. Elvira verfiel in Angststarre. Sie war wehrlos gegenüber dem Tod. Karl-Ludwig starb.

Diesmal musste Elvira ihr Kind allein beerdigen. Der Vater war im russischen Winter verschollen, also unerreichbar. Allein mit ihrer Mutter Anna und ihrer Schwägerin Gretel brachte sie ihren Jüngsten unter die Erde. Gretel hatte ihre zwei Kinder nicht mit zur Beerdigung gebracht. Denn beide waren gleichaltrig mit Elviras Söhnen und deren beste Spielkameraden gewesen.

„Elvira, pass auf den Bub auf!“

Der Krieg ging zu Ende. Elvira erlebte das Kriegsende bei ihrer Mutter, zu der sie gezogen war. Alex hatte sich noch immer nicht gemeldet.

Jetzt veränderte Elvira von heute auf morgen ihr Leben, entdeckte ihre verlorene Fröhlichkeit wieder und entfaltete eine ungeheure Lebenslust, und zwar mehr, als sie je vorher besessen hatte. Elvira schaffte sich mehrere Liebhaber an, manche nacheinander, andere gleichzeitig. Auf den Tanzvergnügen und Maskenbällen trat sie in den gewagtesten Kostümen auf. Als „zarte Nymphe" bezauberte sie ihre Tanzpartner, als „forsche Jägerin" nahm sie ihre Verehrer auf dem Parkett ins Visier, und im Fastnachtstreiben lieferte sie sich gar als unschuldiges Rotkäppchen der Fressgier hungriger Wölfe aus. Am tollsten trieb sie es mit dem Metzgermeister, von dem sie einst die Kalbsknochen für die Suppen von Karl-Ludwig bezogen und in dessen Metzgerei sie zwischenzeitlich als Verkäuferin angeheuert hatte. Ihre Mutter schüttelte ob des neuen Lebenswandels ihrer Tochter nur den Kopf und schämte sich wegen des Geredes, aber bald stellte sie ihre Vorhaltungen resigniert ein. Die Ehefrau des Metzgermeisters wechselte zwischen hysterischen Auftritten und stillem Leiden. Den Metzger und sein Liebchen Elvira störte das alles nicht.

Die Suche nach Alex gab sie allerdings zu keiner Zeit auf. Elvira forschte mit Hilfe des Suchdienstes unermüdlich weiter nach dem Vermissten. Sie schrieb unaufhörlich Suchanzeigen an unzählige Adressen. Zwischen ihren Eskapaden verfiel sie oft tagelang in selbstgewählte Krankheiten und blieb trotzig im Bett, umsorgt von ihrer alten, gebrechlichen Mutter. Elvira quälte sich dann mit der Frage, was sie dem Alex sagen sollte, wenn er wieder auftauchte und nach dem Bub fragte. „Elvira, pass auf den Bub auf!"

Rüsselsheim, die Opelstadt, war für Elvira die Bühne ihres Lebens. Aber Elvira ist weder eine gelernte Schauspielerin noch verkörpert Rüsselsheim „die Bretter, die die Welt bedeuten". Was ist das auch für eine Kulisse: ein graues Opelwerk mit einem Riesenschornstein und zwanzig Portalen, die frühmorgens Tausende von Arbeitskräften verschlucken und nach Feierabend ebenso wieder ausspucken. Eine halbe Stunde vor und eine halbe Stunde nach Schichtwechsel wimmelt um Opel das Leben. Dann ist es wieder grau und zäh. Damals, zu Elviras Zeiten, gab es in der Innenstadt (deren Zentrum schwer zu ermitteln war) eine Eisen- und Haushaltswarenhandlung namens Hungsberg, ein Radiogeschäft namens Weiß, zwei Kinos, eines großspurig „Schauburg" genannt, das andere UT (Unionstheater). Kinovorstellungen gab es nicht jeden Tag, aber dafür sonntags zwei, von denen eine (nachmittags um drei) die Kindervorstellung war. Außerdem gab es in Rüsselsheim noch das „Hotel Frankfurter Hof" mit dem größten Saal der Stadt, der sich dadurch auszeichnete, dass er an den Saalwänden einen unförmigen, gigantischen Balkon besaß, der allerdings meistens leer blieb, weil für die meisten Veranstaltungen schon das Parkett zu groß war. Getanzt wurde auf der Kirmes im Freien auf dem Holzpodest, an Fastnacht in kleinen Wirtshaussälen – gut dekoriert und schlecht gelüftet – und auf dem Abschlussball der Tanzschule eben im „Frankfurter Hof".

An Attraktionen hatte Rüsselsheim noch den Tabakladen Kraft zu bieten sowie das Wirtshaus Schab Luis, das auch schon einmal als Streiklokal diente. Der Löwenwirt, Besitzer des zweiten Gasthauses, wurde nach dem Krieg in Landsberg gehängt, weil er während des Krieges zu den biederen „Risselshemern" gehört hatte, die abgestürzte amerikanische Bomberpiloten kurzerhand mit Prügeln und Mistgabeln erschlagen hatten.

Die Metzgerei, in der Elvira ihr Brot verdiente und es nebenbei noch mit dem Metzgermeister trieb, war eine von zwei Metzgereien, welche die Rüsselsheimer mit Fleisch und Wurst versorgten.

Am Stadtrand von Rüsselsheim gab es zwei blitzblank geputzte Siedlungen mit kleinen Gärten und samstags sauber gekehrten Bürgersteigen und Bordsteinrinnen. Zu jedem Haus gehörten ein Gemüsegarten und eine kleine Garage, vor der die Begüterten ihren Opel Olympia reinigten, um ihn anschließend so zu polieren, dass er glänzte wie ein Ausstellungsstück. Die weniger mit Reichtum gesegneten Siedler hatten in der Garage ihre Gartengeräte stehen.

Rüsselsheim bietet kein „großes Theater", aber dennoch ist es ein Ort für kleine Tragödien. In einer davon spielte Elvira mit.

Zehn Jahre nach Kriegsende verhandelte Konrad Adenauer in Moskau mit der sowjetischen Führung über die Heimkehr deutscher Kriegsgefangener. Die Verhandlungen standen mehrfach auf der Kippe. Der Kanzler drohte sogar mit Abreise. „Aufnahme diplomatischer Beziehungen zur Sowjetunion gegen Freilassung der Gefangenen", das war schließlich das Geschäft, mit dem Adenauer seine schwierige Moskaureise abschloss. Als die ersten von 9626 Heimkehrern im Lager Friedland ankamen, läuteten in Deutschland die Kirchenglocken.

Elvira lieh sich von dem Metzgermeister dessen alten Opel Olympia und fuhr schnurstracks nach Friedland. Sie befragte jeden, den sie erwischen konnte, ob er etwas von

Alex B. wisse. Allen, die ihr entgegenkamen, hielt sie ein Bild von ihrem Mann vors Gesicht. Und wie es der Zufall wollte und ihre Hartnäckigkeit es erzwang, fand sie einen Soldaten, der in demselben Frontabschnitt gekämpft hatte wie Alex. Er wusste auch nicht viel, aber er gab ihr den Namen eines Kompanieführers, der wie Alex einer Motorradstaffel angehört hatte.

Heimgekehrt aus Friedland, machte sie sich auf die Suche nach der Adresse dieses Kompanieführers. Über viele Umwege fand sie die Heimatanschrift des Mannes. Auf ihren Brief antwortete dieser: „Liebe Frau B., Alex habe ich gut gekannt. Er trug in seiner Brieftasche stets die Bilder von ihnen und seinen beiden Söhnen. Alex wurde verwundet und von der Front weg in ein Lazarett ins Hinterland verlegt. Ich hoffe, er hat überlebt, denn lebensgefährlich war er nicht verletzt. Mehr kann ich Ihnen auch nicht sagen. In den Turbulenzen des Rückzuges habe ich nichts mehr von ihm gehört. Alles Gute Ihr Franz K."

Elvira überlegte drei Tage, und dann stellte sie – ohne sich mit irgendjemandem zu beraten, auch nicht mit Christian, dem Bruder ihres Mannes, mit dem sie sonst alle kniffligen Sachen besprochen hatte – den Antrag, Alex für tot zu erklären.

Nach einiger Zeit wurde dem Antrag auf Todeserklärung stattgegeben.

Elvira reagierte ganz anders, als die meisten es erwartet hatten. Sie löste noch am selben Tag die Liaison mit dem Metzgermeister, wechselte die Arbeitsstelle und ließ von heute auf morgen ihr fröhliches Lotterleben hinter sich. Sie wurde eine stille, ruhige Frau und heiratete einen Witwer, den sie mit einer Heiratsanzeige gesucht und gefunden hatte. Der Mann brachte einen halbwüchsigen Sohn mit in die Ehe.

Elvira und ihr neuer Mann waren fleißige und sparsame Leute. Sie bauten ein Haus und legten einen großen Garten an, in dem sie Obstbäume pflanzten und Gemüse anbauten. Suppengrün en masse wuchs dort. Denn Elvira war eine große Suppenköchin. Das Ehepaar lebte still und ohne jedes Aufsehen in ihrem Eigenheim in einer kleinen Gemeinde in der Nähe von Mainz. Ihr Mann wurde früh pflegebedürftig. Elvira schob ihn jeden Nachmittag – sommers wie winters – im Rollstuhl über die Straße des Örtchens bis in einen nahe gelegenen Wald. Dann machte sie kehrt. Er sollte frische Luft haben, hatte der Arzt empfohlen. Elvira erfüllte ihre Pflicht. Klaglos pflegte sie ihren Mann. Sie starb vor ihm. Er kam ins Pflegeheim.

Der Tod kam unerwartet in Gestalt eines Herzschlages zu Elvira. „Plötzlich und unerwartet rief Gott meine herzensgute, treue Frau zu sich“, schrieb ihr Ehemann in die Todesanzeige. Nur zwei Hinterbliebene wurden genannt: Ehemann und Stiefsohn. Die alte Verwandtschaft hatte sich offenbar aufgelöst.

Der Nachlass Elviras war nicht sehr umfangreich. Nur die Feldpostbriefe von Alex fanden sich in den Schubladen ihres Nachtschränkchens. In jedem dieser Briefe wurde das Thema variiert: „Elvira, pass auf den Bub auf!“ Von ihren eigenen Briefen dagegen keine Spur. Wozu auch hätte sie Abschriften anfertigen sollen? Sie schrieb an ihren Mann und nicht an die Nachwelt.

Es gibt viel zu rätseln im Lebenswandel von Elvira.

War sie vielleicht doch ihrem Alex im Herzen immer treu? War nur die Furcht vor der Frage des heimkehrenden Alex der Grund für ihre Eskapaden: „Wo ist der Bub?“

Die Todeserklärung von Alex jedenfalls empfand Elvira offenbar nicht als Befreiung von allen Fesseln. Sie verwandelte sich anders als erwartet von heute auf morgen von einer lebenslustigen Person zu einer biederen, treusorgenden Hausfrau. Was war in ihr geschehen? Niemand weiß es.

So weit – so gut.

Alex ist tatsächlich zurückgekehrt. Er stand nicht urplötzlich zu Hause in der Tür, sondern erkundigte sich bei entfernten Verwandten im Thüringer Wald, weit weg seinem Heimatort, voller Sorge nach Elvira und Karl-Ludwig. Die Nachrichten, die er dort erhielt, habe er, wie erzählt wird, ohne besondere Erregung hingenommen. Lediglich zwei Fotos habe er aus seiner Brusttasche geholt, wo sie in Zeitungspapier eingewickelt steckten. Das eine Bild habe er zerrissen. Das andere wieder liebevoll in die Brusttasche zurückgelegt. Es war das Bild von Horst und Karl-Ludwig. Alex verabschiedete sich bei seinen Informanten, als sei nichts geschehen. Er drehte ab und verschwand im anonymen Niemandsland.

Später tauchten Gerüchte auf, er sei in Kanada gesehen worden. Andere wollten ihn in Chile getroffen haben. Er jedoch habe seine Identität abgestritten. Ein Rüsselsheimer Tourist, der die Wasserfälle von Iguaçu besucht hatte, war sich sicher, dass er sich in Paraguay als Farmer niedergelassen hatte.

Christian ging den Hinweisen über den vermissten

Bruder nach. Weiter als in den Thüringer Wald kam er aber nicht. „Ja, er ist hier gewesen!" Viel mehr erfuhr er nicht. Der Besuch endete im Streit, Christian machte seinen Verwandten schwere Vorwürfe, weil sie Alex so spurlos hatten ziehen lassen. „Wir haben doch nicht geahnt, dass er sich aus dem Staub macht." Sie hatten sich aber auch nicht von sich aus in Rüsselsheim gemeldet, nachdem sie bemerkt hatten, dass er dort nie angekommen war. Christian hat ihnen das nie verziehen.

Später fand Christian über Umwege Bruchstücke einer nebulösen Geschichte heraus, nach der Alex aus einem russischen Gefangenenlager ausgebrochen und von einer russischen Witwe, deren Mann im Krieg gefallen war, versteckt, durchgefüttert und geliebt worden sei. Er soll sich erst nach vielen Jahren den Armen der Frau entrissen haben, die ihm das Leben gerettet hatte. Der lange Heimweg führte Alex angeblich über Karelien, Estland, Litauen, Lettland, Polen nach Hause … wo er nie ankam. Ob die Geschichte stimmt, weiß niemand.

Christian jedenfalls erzählte von dem, was er herausgefunden hatte, keiner Menschenseele etwas. Wem hätte er damit auch geholfen? Elvira?

Hat Elvira je etwas von alledem erfahren? Wer weiß es?!

Fritz Rath oder „Der Rittmeister a. D."

Fritz Rath war Stallknecht im Ersten Weltkrieg. Wenn er davon erzählte, verwandelte sich der kleine schmächtige Fritz in einen großen Kriegshelden. Und wer ihm zuhörte, konnte annehmen, die Rolle des Stallknechts sei schließlich nur sein Inkognito und Fritz sei in Wirklichkeit ein Rittmeister der Kavallerie gewesen, der in allen Schlachten, in die seine Reiterei eingegriffen hatte, immer im letzten Moment das Blatt gewendet und aus der sicher geglaubter Niederlage einen glanzvollen Sieg gemacht hatte.

Fritz ist inzwischen alt. Die „Rittmeisterjahre" liegen lange hinter ihm. Er ist klein und so abgemagert, dass er wie ein „altes Kind" aussieht. In dem großen, prächtigen Haus, das einsam unten an einem Berghang steht, hat er sich im finsterfeuchten Keller wie in eine Höhle verkrochen. Dort verbringt er seine Zeit und lässt sich nur selten sehen. Wenn er sein Erdloch verlässt, hat er viel Ähnlichkeit mit einer Feldmaus. Erst wendet er sein Köpfchen nach links und rechts, hebt die Nase in die Höhe und schnuppert, ob keine Feinde in der Nähe sind. Und wenn die Luft rein ist, überschreitet er die Schwelle seiner Behausung rasch und ist verschwunden.

Mit den Mietern des Hauses hat er wenig Kontakt. Wahrscheinlich wissen nicht einmal alle, die dort wohnen, dass es einen Mitbewohner namens Rath im Hause gibt.

Er hat weder einen Briefkasten noch eine Klingel an der Tür. Wofür auch? Er bekommt nie Briefe, und Besuch auch nicht.

Fritz sprach oft und in den seltenen Fällen, in denen er auf jemanden traf, zusammenhanglos von seinem „lieben Schwesterlein", als habe sie ihn gerade besucht. Aber niemand hat das „liebe Schwesterlein" je gesehen, und niemand hat jemals nachgefragt: „Wohnt hier mein Bruder Fritz?"

Fritz Rath blieb lebenslang ein lebendig Verschollener.

Ab und zu kam er aus seinem Versteck herausgekrabbelt. Dann hatte er sich sorgfältig eingekleidet und war sauber rasiert. Wer genau hinsah, bemerkte allerdings, dass es immer der gleiche alte, verknitterte Anzug war, unter dessen dunkler Jacke er eine gelbe Weste trug. Auf dem Kopf saß eine alte, vergammelte Kappe. Am linken Arm funkelte eine goldene Uhr. An den Füßen glänzten blank gewienerte Lackschuhe. Die Strümpfe waren alt und in den Fersen auch schon mal löchrig. Es passte alles irgendwie nicht zusammen. Aber wer sah schon Fritz Rath genau an?

Fritz, der „Ritter von der traurigen Gestalt", hatte sich, wie sein ihm unbekanntes Vorbild Don Quichotte, in seiner Traumwelt verpuppt. Ihm fehlte jedoch ein Sancho Pansa, der ihn in die Realwelt zurückholte. Die Lackschuhe waren offenbar die Brücke zu jener vergangenen Zeit, in der er einst seinem Rittmeister die Stiefel blitzblank geputzt hatte. Jedenfalls erschien Fritz Rath – wo immer er sich ins Licht der Welt hinauswagte – mit Lackschuhen. Wer ihm die Jacke abgenommen hätte, wäre auf einen Kriegsorden gestoßen, den er so an die Weste geheftet hatte, dass er von der Jacke verdeckt blieb. Er hatte seine „Heldentat“, oder was immer der Grund der Auszeichnung war, nicht vergessen, sondern die Erinnerung daran nur versteckt.

Wenn ich ihn im Auto in die nächste Stadt mitnahm, saß er stolz auf dem Beifahrersitz und sprach mit mir wie der Chef mit seinem Fahrer. Passanten am Straßenrand beliebte er huldvoll zuzuwinken. Dabei musste er sich recken und die Hand heben, weil er sonst über den unteren Rahmen des Seitenfensters nicht herausgeragt hätte. Wenn ich ihm die Frage stellte, wer das denn sei, den er gerade so wohlwollend mit seinem Gruß beglückt habe, antwortete er: „Alle können einen kennen, aber einer nicht alle.“ Offenbar nahm er an, dass alle ihn kannten – und natürlich konnte er dann nicht alle kennen, die ihn kannten und grüßten. Die Wirklichkeit dürfte allerdings ein klein wenig anders gewesen sein: Keiner kannte Fritz Rath. Und Fritz Rath kannte keinen. Seine Selbstdarstellung stand im augenfälligen Kontrast zu seiner offensichtlich verkrachten Existenz.

Viel später erfuhr ich, dass er lange Jahre im Zuchthaus zugebracht hatte. Warum, weiß ich nicht. Davon erzählte Fritz Rath nichts. Auch nicht, wo er herkam. Dafür umso mehr von seiner Glanzzeit bei der Kavallerie.

Wir zogen weg und verloren Fritz Rath aus den Augen. Eines Tages erhielten wir die Nachricht, Fritz Rath sei schwer krank, aber er weigere sich kategorisch, sein Kellerloch zu verlassen.

Meine Frau, zu der er ein besonderes Vertrauensverhältnis hatte, fuhr hin, um ihn zu überreden, ins Krankenhaus zu gehen. Mit fiebrigen Augen und Schüttelfrost lag er auf seiner Pritsche, ein altes, schmutziges Nachthemd hatte er übergestreift. Die Decke, mit der er sich zugedeckt hatte, war dünn. Unter all dem Gerümpel kein Bissen Brot. Getrunken hatte er offenbar auch lange nicht. Der Wasserkran lag am anderen Ende des Kellers.

„Nein, ich gehe nicht. Nie, niemals woanders hin. Niemals ins Krankenhaus", wiederholte er störrisch. „Herr Rath, hier sterben Sie." Sterben wollte er eigentlich auch nicht. Schließlich sein Kompromiss: „Morgen um sieben Uhr gehe ich, wenn Ihr Mann mich mit dem Auto holt." – „Bestimmt?" – „Bestimmt!" – „Ehrenwort?" – „Ehrenwort"!

Morgens, es ist zehn vor sieben, fahre ich die steile Straße bergab, die zu dem Haus führt, in dem Fritz Rath im Keller haust. Es ist noch dunkel, und es schneit. Hoffentlich komme ich die Straße ohne Schneeketten wieder hoch. Aus dem kleinen Kellerfenster kommt das trübe Licht einer an der Decke hängenden Funzel. Na ja, wenigstens ist er aufgestanden. Ich renne die steile Kellertreppe hinab und rufe, um ihm den Abschied leichter zu machen und in Erinnerung an seine Glanzzeiten: „Herr Rittmeister, die Pferde sind gesattelt." Ich reiße die Tür auf. Kein Fritz Rath zu sehen. Es ist totenstill. Ich schaue mich um … hinter der Tür, da liegt er, Fritz Rath, sorgsam angezogen im besten, einzigen Anzug, Lackschuhe und löchrige Strümpfe an den Füßen. Die goldene Armbanduhr funkelt wie immer an seiner linken Hand. Die alte Kappe ist ihm vom Kopf gefallen und liegt hinter ihm.

Lediglich die Jacke und die gelbe Weste hat er noch nicht übergezogen, der linke Hosenträger ist ihm von der Schulter gerutscht.

Fritz Rath ist tot.

Fritz Rath hat Wort gehalten. Pünktlich um sieben Uhr, wie es sich für einen Angehörigen der Kavallerie gehört, war er bereit – zwar nicht lebend, aber wie versprochen fertig zum Abtransport.

Drei Tage später beerdigten wir ihn. Fünf Leute, der Pfarrer und zwei Friedhofsarbeiter eingeschlossen, das war seine ganze Beerdigungsgesellschaft. Es nieselte. Das Wetter war so trüb wie das Leben von Fritz Rath. Der Sarg wurde hastig unter die Erde gebracht. Da stand die Holzkiste in der nassen Grube.

Die letzte Wohnung von Fritz besaß manche Ähnlichkeit mit der, in der er gelebt hatte.

Der Pfarrer beschränkte sich auf das Notwendigste, und das erfüllte er schnell und geschäftsmäßig. Kein Hauch von Beerdigungspathos, das mich als Friedhofsmessdiener immer so gelangweilt hatte.

An diesem Morgen hätte ich mir ein paar große Worte zu dem kleinen, vergessenen Leben des Fritz Rath gewünscht.

Lea Schwarz
oder „Wir Kinder, wir wussten es"

Lea Schwarz war die Seele des Geschäftes. Ernst Schwarz, ihr Mann, verkörperte die Noblesse und Akkuratesse des ersten Hauses am Platz: „Damen- und Herrenoberbekleidung Ernst Schwarz".

Die beiden waren angesehene Bürger der Stadt, sie gehörten zum bürgerlichen Establishment und waren bei gesellschaftlichen Veranstaltungen gern gesehene Gäste, die ein Quäntchen Glanz in die Selbstdarstellung der gehobenen Kreise brachten.

Ernst und Lea Schwarz waren einander innig zugetan, doch von ganz unterschiedlicher Natur. Lea wuselig und stets lächelnd, Ernst dagegen verhielt sich immer respektgebietend, und wenn er sich bewegte, ging er nur gemessenen Schrittes. Er war ein standesbewusster Herr.

Schon ihre bevorzugten Standorte in den Geschäftsräumen machten ihre unterschiedliche Funktion im Bekleidungshaus Schwarz deutlich. Lea Schwarz hatte ihren Stammplatz an der Kasse. Dort verabschiedete sie jeden Kunden wortreich, und noch bevor sie die gekaufte Ware dem Käufer feierlich-freundlich überreichte, hatte sie bereits alle Neuigkeiten aus der Familie des Käufers erfragt und ihre Ratschläge als kostenlose Zugabe zum Kauf dazugegeben. Sie war – daran bestand kein Zweifel – eine allseits beliebte Frau. Die Kinder wussten das Süßigkeitenversteck unter der Registrierkasse zu schätzen, aus dem Frau Schwarz jene Bonbons entnahm, die sie den Kindern mit gespielter Heimlichkeit an den Eltern vorbei zusteckte.

Ernst Schwarz war prinzipiell ernst. Sein Platz war im hinteren Teil des Geschäftes – an strategisch zentraler Stelle. Von dort aus überblickte er das Geschäft scheinbar teilnahmslos. Sein kritischer Blick wirkte auf zu laut schwatzende Verkäuferinnen bisweilen wie ein wortloser Ordnungsruf. Wenn sein fachkundiger Rat gefragt war, bewegte er sich zwar langsam schreitend, war aber doch rechtzeitig zur Stelle. Er war für Käufer und Verkäufer gleichermaßen eine geachtete Autorität, „Patriarch" nannten ihn seine Angestellten heimlich.

So sah er auch aus. Ein Herr vom Scheitel bis zur Sohle. Der Scheitel übrigens schien mit dem Lineal gezogen zu sein. Die Haare rechts und links der „Schneise" lagen in strähniger, wohlgefetteter Symmetrie. So korrekt, als sei das jeweilige Haarkontingent abgezählt. Zwischen Scheitel und Sohle: Nadelstreifenanzug, graue Weste, bunte Fliege. Er war ein Herr wie aus jenem Fundus betuchter Bürgerlichkeit, dem schon Thomas Mann das Personal für seine großen spätbürgerlichen Romane entnommen hatte.

Lea Schwarz war eine eigenartig schöne Frau. Sie schien nie zu altern, und noch als Frau von „mittlerem Alter" hatte sie etwas Mädchenhaftes, was sie bisweilen durch ein typisches Kichern über eine witzige Bemerkung, die sie selber gemacht hatte, unterstrich. Die Verkäuferinnen liebten ihre Chefin und respektierten ihren Chef.

Wie dem auch sei. Die Familie Schwarz war von der

Sonne des Glücks beschienen. Ihre Kinder waren wohl geraten. Das Geschäft, das sie einst übernehmen sollten, florierte. Die Familie Schwarz war angesehen, erfolgreich, glücklich.

An einem schönen Sonntagmorgen nach dem Kirchgang und einem Schluck aus der Kaffeetasse sagte meine Mutter zu meinem Vater: „Gestern haben sie Frau Schwarz abgeholt."

„So?", sagte mein Vater und nippte an seiner Kaffeetasse.

Vierzehn Tage später wurde Herr Schwarz auf die Polizeistation einbestellt. Dort überreichte man ihm, was von Frau Schwarz für überreichenswert gehalten worden war: ihr Trauring, ihre Uhr, ihre Ohrringe. Sie sei gestorben, hieß es.

Frau Schwarz war Jüdin.

Herr Schwarz war über Nacht ein anderer. Sein Haar wurde schlohweiß. Es lag wirr und ungekämmt auf seinem Kopf. Sein Schnurrbart wurde von keiner Schere mehr gebändigt. Struppig stand er im Gesicht. Sein Blick war leer. Die Kleider wechselte er offenbar selten oder nicht mehr.

Fortan umkreiste Ernst Schwarz das Viertel: Bahnhofstraße, Grabengasse, Darmstädter Straße, Bahnhofsplatz. Er gönnte sich keine Pause und niemandem einen Gruß. Er blickte nicht nach rechts und nicht nach links, und wenn ihm jemand entgegenkam, stierte er durch ihn hindurch.

Ernst Schwarz kreiste und kreiste. In seinem Laden wurde er nicht mehr gesehen. Er suchte etwas und wusste doch, dass er es nicht finden würde. Er drehte seine Runden, die Hände auf dem Rücken, mit der Hast eines Getriebenen. Weder Hitze noch Regen brachten ihn von seinem Fahrplan ab. Gegen Abend beschleunigte er seine Schritte, so, als sei er in Gefahr, das vorgesehene Rundensoll nicht zu erfüllen. Der hohe Herr von Stand war in panische Bewegung geraten.

Morgens auf dem Schulweg begegnete „der Herr Schwarz" uns Kindern, als hätte er schon die ganze Nacht im Kreisverkehr um das Viertel zugebracht, und mittags, wenn wir auf dem Heimweg von der Schule waren, drehte er immer noch seine Runden. „Er ist durchgedreht", sagten die Erwachsenen. Warum das so war, darüber sprachen sie nicht.

Für uns Kinder wurde Herr Schwarz mit der Zeit eine vertraute Erscheinung. Wir begegneten ihm mit einer Mischung von Angst und Mitleid. Nie hat einer von uns Kindern über ihn gespottet. Unsere Gespräche wurden leiser, wenn er auf uns zueilte, und ehrfurchtsvoll wichen wir zur Seite, damit „der Herr Schwarz" seinen Weg ungehindert fortsetzen und seine imaginäre Aufgabe erfüllen konnte. Aufhalten konnte ihn sowieso keiner, und wir wollten es auch nicht.

„Der Herr Schwarz" zog seine Bahn mit so unerbittlicher Konstanz, dass ich noch heute, wenn ich wieder einmal dort bin, glaube, er müsse gleich um die Ecke meines heimatlichen Viertels kommen.

Niemand musste uns Kinder zur Rücksicht mahnen, denn wir wussten: Das alles war wegen seiner Frau, die von der Polizei abgeholt worden und jetzt tot war.

Wir wussten: Frau Schwarz war Jüdin, und zwischen dem gelben Stern, den sie auf ihrer Bluse, ihrer Jacke, ihrem Mantel tragen musste, und ihrem Tod gab es einen Zusammenhang.

Viel, viel später sagten die Erwachsenen, dass sie nie etwas davon gewusst hätten, was Hitler den Juden angetan hatte.

Wir Kinder, wir wussten es!

Sebastian oder „Im Schwarzwald ist alles sehr schön"

„Liebe Mama!
Im Schwarzwald ist alles sehr schön.
Mir geht es sehr gut.
Viele Grüße
Dein Sebastian"

schrieb Sebastian auf der Ansichtskarte, die er an seine Mutter schickte. Auf der Vorderseite war ein Reh mit ihrem Kitz zu sehen, wie sie Wasser aus einem Bach tranken.

Sebastian war aus dem von Fliegeralarm und Luftangriffen drangsalierten Rüsselsheim in die Schwarzwald-Idylle nach Friedrichsheim zu Onkel Gustav und Tante Lydia geschickt worden. Kinderlandverschickung hieß das damals.

Zu Hause hatte Sebastian kaum mehr in der Nacht ein Auge zugemacht. Er lag meist halb wach im Bett und lauerte auf den erstem Heulton der Alarmsirene. Dann sprang er aus dem Bett, und ab in den Luftschutzkeller.

Bei Tante Lydia und Onkel Gustav gab es keinen Fliegeralarm. Selbst wenn die feindlichen Fliegergeschwader nachts tief über die Berge flogen und ihr Motorendröhnen aus den Tälern dumpf und drohend widerhallte, blieben die Leute seelenruhig im Bett liegen. Nie war hier eine Bombe gefallen.

Abends glimmten sogar die Lichter der Straßen und Häuser von jenseits der Schweizer Grenze auf. Lichter im Freien in der Nacht hatte Sebastian in seinem ganzen Leben noch nicht gesehen.

Im Schwarzwald ist alles sehr schön.

In Rüsselsheim war jedes Fenster mit dichten Jalousien, Roll- und Fensterläden verdunkelt. Und wehe dem, aus dessen Haus ein Lichtstrahl entwich: der musste eine hohe Strafe bezahlen, im schlimmsten Fall wurde er sogar ins Gefängnis geworfen. Da verstand die Polizei keinen Spaß. Schließlich ging es um Leben und Tod. Kein Licht sollte den Bombern das Ziel zeigen, wohin sie ihre Bomben werfen konnten. Deshalb galt ein strenges Verdunklungsgebot in Deutschland. War allerdings Vollmond und der Himmel wolkenlos, dann lag das Land unter himmlischer Beleuchtung in Todesstarre wie aufgebahrt. Alle fürchteten diese Zeit und die Fliegerangriffe.

Im Schwarzwald schlief Sebastian schon nach ein paar Nächten fest wie ein Murmeltier – von keiner Angst vor Alarm und Bomben gequält. Tante Lydia brachte ihn jeden Abend mit einem Nachtgebet ins Bett, und Onkel Gustav gab ihm den Gutenachtkuss.

Morgens ging's hinunter ins Tal zur Schule, dorthin, wohin von allen Berghöfen ins Dorf Marzell die Schulkinder kamen. Vor dem Schulweg wurde in Tante Lydias Küche an einem großen Holztisch kräftig gefrühstückt – so lange und so gut, wie er es zu Hause nie getan hatte. Brote mit frischer Butter und Erdbeermarmelade oder Honig dick bestrichen, und heißen Kakao oder Pfefferminztee gab es dazu.

In der Schule ließ die Lehrerin Sebastian in Ruhe. Er war ja nur ein paar Wochen hier, und im Lehrplan waren die Schwarzwälder an einer ganz anderen Stelle angelangt als Sebastian an seiner Rüsselsheimer Schule. Mit anderen Worten: Sebastian erlebte geruhsame, fröhliche Schultage im Schwarzwald. Von jedem Lernzwang befreit, schien er mehr Gast als Schüler zu sein.

Im Schwarzwald ist alles sehr schön.

Der Samstag war ein besonderer Tag. Den Samstag hatte Onkel Gustav zum Wandertag erklärt. Freitagsabends schon packte Tante Lydia die Rucksäcke. In den großen von Gustav: ein Laib Brot, eine Kante Schwarzwälder Schinken, ein Stück Käse. Morgens kam eine Thermoskanne mit heißem Tee dazu. Ein kleiner, verrußter Suppentopf mit Suppenwürfeln fand auch noch Platz. Das große Brotmesser und die Löffel wurden in der Seitentasche verstaut. Die Streichholzschachtel durfte auch nicht fehlen, denn ohne Feuer kocht keine Suppe, jedenfalls nicht in freier Natur. An der anderen Rucksackseite hing eine hölzerne Tasse. Obendrauf, auf dem Rucksack, wurde das Regenzeug mit Riemen festgezurrt. In Sebastians kleinen Rucksack wurden ein Verbandskasten, drei blecherne Suppenteller, die Mundharmonika, ein Säckchen Nüsse, drei dicke Äpfel, ein Pullover, eine Handvoll Bonbons und ein Schächtelchen Heftpflaster gestopft.

Sebastian war zünftig ausstaffiert. Er hatte ein Paar kräftige, wasserdichte Stiefel mit dicker, rutschfester Sohle bekommen, die Tante Lydia in der Nachbarschaft ausgeliehen hatte. Onkel Gustav hatte ihm einen kleinen Filzhut gekauft und schenkte ihm dazu sein rotes Halstuch.

Tante Lydia hatte ihm dicke Strümpfe gestrickt – genauso rot wie das Halstuch.

Schon vor Sonnenaufgang ging es los. Oben im Doktorhaus des Lungensanatoriums wurde noch Fräulein Doktor Evi abgeholt, die mitmarschierte.

Vor dem Abmarsch gab es von Tante Lydia noch einen dicken Abschiedskuss für Sebastian, eine kurze, herzliche Umarmung für Gustav und dazu viele gute Ratschläge.

Die Zeit am Morgen, wenn die Nacht noch nicht vergangen und der Tag noch nicht gekommen ist, diese Zeit dazwischen ist die schönste Zeit des Tages. Alles schwebt im Ungewissen. Man sieht wenig und hört viel. Jeder knarrende Ast, auf den man unversehens tritt, löst einen leichten Schreck aus, der eine Zeit lang nachwirkt. Man hört viel mehr Tiere, als man bei hellem Tagesschein sehen würde. Die Nachtluft ist noch feucht und viel würziger als die Luft am Tag. Die Welt verwandelt sich mit jedem Schritt. Die Morgendämmerung kämpft lange mit der Nacht und gewinnt dann ganz plötzlich. Die Sonne geht auf. Die Vögel sind erwacht. Sie geben ihr fröhlichstes Konzert am Morgen.

Über den Wiesen nah am Bach liegt ein zarter Nebelschleier, und wenn der Nebel gut gelaunt ist, beginnt er einen Schleiertanz. Die ersten Sonnenstrahlen erreichen die Wiesenblumen, die Schmetterlinge beginnen zu flattern und die Bienen zu summen. Grillen zirpen. Alles ist neu. Das Leben pulst prall und frisch und erweckt eine Hochstimmung, als sei man selbst und die Welt gerade eben erst erschaffen worden. Taufrische Spinnennetze spannen sich über den Weg. Man drückt sich seitwärts an ihnen vorbei oder duckt sich unter den feinen, kunstvollen

Netzwerken hindurch. Rehe queren lautlos den Weg – wenn das Glück es will.

Stundenlang marschierst du durch die dunklen Tannenwälder und plötzlich, ohne Ankündigung, stehst du auf einer lichtüberfluteten Wiese. Die Helligkeit blendet, und fassungsloses Glück ergreift dich.

Im Schwarzwald ist alles sehr schön.

Die Sonne sengt und trocknet dich aus. Die Zunge wird pelzig und liegt dir irgendwann wie eine alte Schuhsohle im Mund. Dann triffst du auf quellfrisches Bachwasser. Nie schmeckt Wasser besser als nach einer langen, schweißtreibenden Wanderung, auf welcher der Durst dich quält.

Jede Wanderung ist ein Abenteuer. Das Unerwartete ist immer von einem Hauch des Ungeheuren umgeben. Man muss sich nur auf die Überraschungen einlassen. Abenteuer kommen nie gerufen. Du kannst sie nicht kommandieren. Manchmal kommen sie wie Blitz und Donner, dann so lautlos wie der Wassertropfen auf einer einsamen Blume. Das Abenteuer bedient sich vieler Masken und Vehikel. Bizarre Wolkengebilde, leise säuselnde Winde, brausende Stürme, harte Wolkenbrüche, sanfter Mairegen, der Geruch einer Bergwiese. Der Einfallsreichtum der Natur scheint schier unerschöpflich, und ihr Gesicht ist nicht immer heiter. Eine Blutspur und weitverstreute Federbüschel erinnern an einen tödlichen Kampf. Der plattgetretene Frosch sieht nicht lieblich aus …

Onkel Gustav war immer gut gelaunt. Manchmal sang er laut, dann redete er wieder lange gar nichts, und zwischendurch unterrichtete er Pflanzen-, Tier-, Erd-, Wetter- und Heimatkunde. Fräulein Doktor war fast immer von ausgelassener Fröhlichkeit und wechselte oft stundenlang zwischen Kichern und Lachen. Wenn es ihr besonders gut ging, dann lief sie mit Tanzschritten vor Gustav her. Lange dauerte das nie: Beifall von Gustav fanden diese Vorführungen immer.

Irgendwann war Brotzeit. Onkel Gustav hatte den siebten Sinn für gute Plätze. Er bevorzugte einsame Wiesen mit schattenspendenden Bäumen am Rande und einem Bach in der Nähe. Dann wurde eine Suppe gekocht. Gustav war ein Meister im Feueranzünden. Er schaffte es auch mit nassem Holz. Wahrscheinlich war er bei Winnetou in die Lehre gegangen. Wenn die Rast zu lange dauerte und ein Bach in Sichtweite war, dann machte sich Sebastian an der Veränderung des Bachlaufes zu schaffen. Kleine Wasserfälle entstanden, kunstvolle Kanalisationen und sogar Staudämme wurden errichtet, bei denen der Erbauer des Assuan-Staudammes vor Neid erblasst wäre.

Regelmäßig bekam Fräulein Doktor zu Beginn des Ausfluges von Gustav einen Wanderstock aus einem kräftigen Ast geschnitten und auf der ersten Rast mit dem Brotmesser wurde er von ihm kunstvoll verziert.

Abends auf dem Heimweg ließ Gustav die Mundharmonika aus Sebastians Rucksack auspacken und spielte Wanderlieder. Fräulein Doktor und Sebastian sangen.

Im Schwarzwald ist alles sehr schön.

Der lange Heimweg von der Schule war dagegen überhaupt nicht heiter, sondern mit dumpfer Grausamkeit gespickt. Sebastian war nämlich „der Fremde“ in der Schule. Mittags zwischen halb eins und zwanzig vor eins wurde ihm das bewiesen. Nach Schulschluss machte sich die kleine Gruppe, die in Richtung Friedrichsheim zu Hause war, gemeinsam auf dem Weg. Es ging sofort steil bergauf. Alle marschierten zügig voran. Keiner durfte zurückbleiben. Zu Hause dampfte das Mittagessen.

Nach gut einer halben Stunde teilt sich der Bergpfad an einer dicken, alten Fichte. Hier trennte sich auch die kleine Meute. Zwei gingen nach rechts, einer nach links und drei mit Sebastian geradeaus nach Friedrichsheim.

Hier geschieht's.

Sebastian muss sich zuerst mit dem Rücken an den Baum stellen und jeder der sechs schlägt ihm einmal mit der rechten Hand auf die linke Wange. Sebastian darf nicht zucken. Er zuckt dennoch bei jedem Schlag. Dann kommt das Kommando: „Umdrehen". Sebastian dreht sich mit dem Gesicht zur Fichte. Jetzt erhält er von jedem einen kräftigen Fußtritt in den Hintern. Sebastian wird eingeschworen, niemandem etwas davon zu erzählen. „Sonst bringen wir dich um." Sebastian schweigt aus Angst, weil er es für möglich hält, dass sie ihre Drohung wahr machen.

Tag für Tag erleidet Sebastian diese Tortur. Jedes Mal in der letzten Schulstunde erfasst ihn das Gefühl, dass er die Uhr anhalten müsse, weil ja das Ende nicht so schnell kommen soll. Wenn dann doch die Klingel den Schulschluss ankündigt, weiß Sebastian: Jetzt beginnt mein Leidensweg.

Nach ungefähr drei Wochen ist das Spiel der Brutalitäten vorbei.

Am Ort der Qualen verkündet Karl, der Anführer: „Heute ist der Höhepunkt." Sebastian fürchtet, seine letzte Stunde sei angebrochen. Sebastian weint. „Kleider ausziehen", wird er von Karl angeherrscht. Sebastian schämt sich vor Magda, dem einzigen Mädchen in der Bande. Er gehorcht dennoch. Sebastian zittert. Die Meute genießt seine Angst. Sie stellen sich in einer Reihe vor Sebastian. Alles ist offenbar genau geplant und vorbesprochen. Jetzt tritt nacheinander jeder vor und spuckt ihm kräftig ins Gesicht. Dann kommt eine lange Pause. Alle sind verlegen. Karl beendet das Schweigen: „Das war's, jetzt gehörst du zu uns", verkündet Karl. Alle lachen, schütteln ihm die Hand, umarmen ihn und tun so, als sei nie etwas zwischen ihnen geschehen. Sebastian zieht seine Kleider wieder an.

Im Schwarzwald ist alles sehr schön.

Auf einem schattigen Platz am Rande einer kleinen Wiese, die mitten im dichten Wald an einem lieblichen Bach liegt, rasten Gustav, Evi und Sebastian. Sie sind heute noch gar nicht viel gelaufen. Trotzdem: Sie gönnen sich eine lange, lange Verschnaufpause. Die Rast scheint kein Ende zu nehmen. „Wenn es dir langweilig ist, geh den Bachlauf entlang, Sebastian, dann kommst du an einen kleinen, wunderschönen See", sagt Gustav schließlich. Aber Sebastian kommt nicht weit. Das Gestrüpp am Bachlauf wird zu dicht. Er muss umkehren. Zurückgekehrt auf dem Rastplatz ist kein Gustav und keine Eva zu sehen. Wo sind sie? Sie liegen eng umschlungen im Gebüsch.

Sebastian weiß sofort, was die beiden dort treiben. Er dreht ab und verfolgt erschreckt und doch neugierig aus größerer Entfernung das Geschehen im Gras.

Niemandem erzählte Sebastian etwas davon, was er dort gesehen hat. Nur in der Beichte bekennt er: „Ich habe Unschamhaftes angesehen." Der Beichtvater will es genauer wissen. Sebastian beichtet detailgetreu. Das

Beichtgeheimnis verwahrt alles, was Sebastian berichtet hat.

Außer dem Pfarrer weiß also keine Menschenseele, was damals zwischen Gustav und Fräulein Doktor geschehen ist.

Als mehr als ein Jahr vergangen ist und Sebastian längst wieder in Rüsselsheim in die Schule geht, kommt ein überraschender Brief von Tante Lydia bei Sebastians Eltern an. Sie – Gustav und Lydia – seien Eltern geworden. Das Kind von Fräulein Doktor hätten sie angenommen. Die arme Evi habe sich umgebracht, nachdem sie im Sanatorium als „uneheliche Mutter“ entlassen worden sei. Niemand wisse, wer der Vater sei.

Da Evi ein Waisenkind war, also keine Verwandten hatte, war ihr Neugeborenes jetzt auch ein Waisenkind. Gustav kam auf die Idee, sich des elternlosen Kindes anzunehmen, zumal der Pfarrer ihn und seine Frau inständig darum gebeten hatte. Gustav und Lydia war das Glück eigener Kinder versagt geblieben. Sie nahmen das Kind als Gottesgeschenk an. Evi hatte ihrer Tochter den Namen Theodora gegeben.

Viele Jahre später – Theodora war schon groß und aus dem Haus – verließ Lydia ohne vorherige Ankündigung das Haus ihres Mannes. Niemand weiß, warum, und auch nicht, wo sie ist, Gustav eingeschlossen.

Im Schwarzwald ist alles sehr schön.

P. S.:

Gustav lebte noch viele Jahre als ehrenwerter Bürger, allseits respektierter Gemeinderat und Ehrenkommandant der Freiwilligen Feuerwehr. Er starb einsam in einem Altersheim. Theodora kam zu seiner Beerdigung.

Alfons oder „Die Schmuddelkinder von Juruti"

Juruti ist ein Ort am Amazonas.

Über Juruti liegt eine Decke fiebriger Stille. Es ist, als brüte das Dorf eine schwere Krankheit aus, von der niemand weiß, welche es ist und welchen Ausgang sie nehmen wird.

Ein Mord ist geschehen. Der Mörder ist bekannt: ein kleiner, schmächtiger Junge, 13 Jahre alt. José-Manuel ist sein Name. Auf dem blanken Boden der Polizeistation liegt er, eingesperrt in einem Eisengitterverschlag, bekleidet nur mit einer zerfetzten alten Unterhose, aber gut bewacht von fetten Polizisten, schwer bewaffnet mit Gummiknüppel und Colt im Halfter.

José-Manuel ist seinem drei Jahre älteren Bruder auf dem Dorffest Sonntag Nacht im Kampf um ein schönes Mädchen beigesprungen und hat den Nebenbuhler kurzerhand mit der Nagelschere in die Halsschlagader erledigt.

José-Manuel wartet auf die Gerichtsverhandlung. Aber die Familie des Ermordeten hat das Urteil längst gesprochen: Vergeltung – Aug' um Aug', Zahn um Zahn. Dazu bedarf es in Juruti keines komplizierten Verfahrens. Die Logik der Blutrache ist einfach. Sie ist erst am Ziel, wenn keiner sie mehr fortführen kann und alle unter der Erde liegen.

Alfons, mein Freund seit einem halben Jahrhundert, Schulkamerad im Abendgymnasium Mainz, ist Priester in

Juruti. Er versteht etwas von Vernichtung. Vater und Mutter von ihm sind von den Nazis umgebracht worden. Lebensrettung ist seine Spezialität.

Längst ist Alfons unterwegs und pendelt zwischen den tödlich verfeindeten Familien. Die Lösung bahnt sich an. Jede Seite verzichtet: die eine auf Vergeltung, die andere auf ihr Kind.

José-Manuel wird auf Nimmerwiedersehen aus dem Dorf verschwinden. Alfons wird José-Manuel in der übernächsten Nacht unter der gut dotierten Duldung der Polizisten aus dem Gefängnis entführen, mit dem Boot ins weit entfernte Manaus transportieren und ihn dort in der anonymen Horde der Straßenkinder absetzen, nicht ohne dem kleinen José-Manuel vorher das Versprechen abgenommen zu haben, nie mehr in Juruti aufzutauchen und nie mehr in seinem ganzen Leben mit Mama, Papa, Geschwistern und Freunden Verbindung aufzunehmen.

So haben beide Familien ein Kind verloren, die einen ins Grab, die anderen verschluckt vom Moloch Großstadt. Wen es von beiden Familien härter trifft, lässt sich schwer sagen.

Der Teufelskreis der Rache verlangt offenbar ein letztes Opfer, bevor er sich durchbrechen lässt.

Alfons wird ein paar Tage später ins Dorf zurückkehren. Alles wird so weitergehen, als sei nie etwas passiert in Juruti, als habe keine Mutter, kein Vater hier jemals ein Kind durch Mord oder Vertreibung verloren. Die Wellen der Gewohnheit werden über vergangenen Grausamkeiten zusammenschlagen … und die See ist wieder still.

Unter den Fassaden der Siedlung am Amazonas mit

Namen Juruti, die nichts Außergewöhnliches oder gar Unheimliches ahnen lassen, brodelt das Böse.

Ein Medizinmann namens Senibrinus betreibt in Juruti sein gut laufendes Geschäft. Mit allerlei Hokuspokus behauptet er, Krankheiten vertreiben und auch Gebrechen heilen zu können. Was die Natur auch ohne ihn geschafft hätte oder was die Autosuggestion seiner Gläubigen zustande bringt, das schreibt er auf das Konto seiner Heilkunde (ein üppig gefülltes Konto natürlich). Senibrinus ist der Assistent des Teufels. Die Medizin unter der Ägide des Medizinmanns wird als Kampf zwischen Gott und dem Teufel inszeniert. Auf diesem Schlachtfeld bleiben viele geschädigte und betrogene, um Hab und Gut gebrachte Gutgläubige zurück.

Paula, die Zehnjährige, hat drei Tagesreisen auf dem Pferd hinter sich, begleitet von Mama und Papa. Ihr Ziel ist Senibrinus. Das Mädchen ist vom Baum gefallen und windet sich jetzt vor Schmerzen. Rettung soll der Medizinmann bringen. Alles Geld, das im Besitz der Familie zusammenzukratzen war, inklusive das der Großmutter, befindet sich im Reisesack. Senibrinus beginnt die Wunderbehandlung, indem er dem Mädchen ungenießbares, heißes Öl einflößt, es in Dampfschwaden setzt und mit unverständlichen Gesängen anbrüllt. Das kann Alfons nicht mit ansehen. Er entreißt das Kind, halb gegen den Willen seiner Eltern, den Fängen des betrügerischen Heilers und bringt Elvira auf die Schwesternstation.

Die Schwestern kümmern sich um das Mädchen, ein halbwegs gut ausgebildeter Arzt behandelt sie. Das Menschenmögliche wird getan; alles andere liegt in Gottes Hand.

Der Arzt verliert zwar den Kampf um das Leben des Mädchens. Die Niederlage vollzieht sich jedoch nicht unter menschenverachtendem Getue, Beschwörungen und Geschrei. Paula schläft in den Armen ihrer Mama ein.

Der Bürgermeister von Juruti ist korrupt. Er funktioniert als Marionette der Großgrundbesitzer. Das Regierungsgeld für Straßenbau wurde zum Beispiel für die Zufahrt zum Herrenhaus des reichsten Patrons eingesetzt, obwohl die Straße zum Hafen wichtiger gewesen wäre, jedenfalls für die armen Fischer und den Verkauf ihres Fangs. Dass der Bürgermeister bei jeder Wahl die meisten Stimmen erhält, obwohl er als der verhassteste Mensch von Juruti gilt, ist entweder ein Wunder oder das Ergebnis gut geschmierter Manipulation.

Die Kirche in Juruti ist eine alte, baufällige Baracke. Der reiche Patron will eine neue bauen. Das soll das Zuckerbrot zur Peitsche seiner Herrschaft werden. Alfons stellt sich ihm und dem korrupten Bürgermeister in die Quere. Leichter soll ein Kamel durch ein Nadelöhr kommen als ein Reicher in Juruti zur Ehre eines Kirchenerbauers. Die Kirche „Unserer lieben Frau von Juruti“ ist die Kirche der Landlosen, der Bettler, der Armen.

Die Kirche der Armen für die Armen wird auch von den Armen gebaut. Sie ist die Himmelsleiter der Zerlumpten, Verachteten und Heimatlosen.

Noch ist es Nacht in Juruti. Im Osten beginnen schon am Horizont die ersten Vorhutgefechte zwischen Licht und Dunkelheit. Über Juruti liegt eine atemlose Stille. Noch kläfft kein Hund, noch dröhnt kein Autolärm. Die Zeit hält gleichsam den Atem an. Durch diese Lautlosigkeit dringt das Bimmeln der kleinen Glocke vom Kirchturm „Unserer lieben Frau von Juruti“.

Durch die Straßen huschen, humpeln und rennen lautlos dunkle Gestalten. In der Kirche „Unserer lieben Frau“ werden zwei Kerzen auf dem Altar angezündet.

Alfons steht mitten in der Kirche im weißen Messgewand mit weit geöffneten Armen am Tisch des Herrn. Er betet still: „Kommt her, ihr Mühseligen und Beladenen, und ich will euch erquicken.“ Alfons wartet auf seine Gäste. Sie kommen stumm und bleiben leise, während sie sich rund um den Altar versammeln. Es dauert seine Zeit, bis der Letzte im Kreis seinen Platz gefunden hat. Dann beginnt die „Suche nach dem Himmel“.

Die Messe beginnt. Sie bekennen ihre Sünden „Confiteor“ murmeln sie. Sie rufen flüsternd die Heiligen zu Zeugen an. Dann laut und deutlich das Schuldbekenntnis: „Mea culpa, mea culpa, mea maxima culpa.“ Dreimal schlagen sie sich an die Brust: „Durch meine Schuld, durch meine Schuld, durch meine übergroße Schuld.“ Niemand nennt seine Sünden. Aber jeder kennt die Sünden, die in Juruti zu Hause sind.

Da ist die Mariana mit ihren sieben Kindern. Sie kann es mit dem Mein und Dein nicht so genau nehmen, wenn sie ihre Sippschaft durchbringen will.

Marcelo, der Lastenträger, schlägt seine Frau, wenn er besoffen ist. Nüchtern ist er ein guter, aber trauriger Mensch, der keiner Fliege etwas zuleide tun kann.

Roberta, die Rothaarige, hat es schwer mit ihrer Schönheit und leicht mit den Männern. Aber war nicht Maria Magdalena auch schön und freigiebig zu Männern? Und war nicht Jesus dennoch freundlich zu ihr und vergab ihr die Sünden?

Patricio, der Chef der Bar „Rote Laterne", ist heute auch mal da. Die Nacht war länger als sonst. Sie endete mit einer Schlägerei. Nachdem das Trümmerfeld einigermaßen geräumt war, kam Patricio der Gedanke, noch eine Runde in der Kirche anzuhängen. Kann ja nichts schaden, den lieben Gott ab und zu freundlich wie einen guten Kunden zu behandeln.

Merylin, die Tochter des Advokaten, kommt im Kostüm und mit Hütchen auf den wohlondulierten Haaren. Selbst in der dunklen Frühe hat sie nicht die rote Schminke auf den Lippen vergessen. Sie lebt übers Jahr in einer Villa in Brasilia mit Mann und Dienerschaft. Jetzt ist sie zu Besuch bei ihren Adoptiveltern. Hier kehrt sie einmal im Jahr für zwei Wochen ein. Sie weiß immer noch, woher sie gekommen ist. Der Notar hat sie einst aus der Gosse geholt, wo sie gelandet war, als ihre Mutter gestorben war und ihr Vater sich eine neue Frau genommen hatte. Von ihrer Herkunft her ist sie ein Schmuddelkind, in der feinen Gesellschaft inzwischen eine Dame, und für die Armen immer noch eine von ihnen, ihre Schwester, die zufällig und zum Glück „hochgekommen" ist.

Da ist noch Oma Maria, die mit dem offenen Bein. Sie sorgt sich um ihre Tochter. Das Kind ist in die große, weite Welt aufgebrochen und lässt seit Jahren nichts von sich hören.

Der Polizist Marcio da Silva Sanchez, bei Tag ein gefürchteter Ordnungshüter, bereut frühmorgens prophylaktisch schon einmal die Sünden, die er tagsüber begehen wird.

Nicht zu vergessen ist Frederico, der als Letzter kommt und als Einziger laut grüßt und anschließend kräftig lacht. So macht er es immer. Niemand weiß, ob er wirklich so verrückt ist, wie er tut. Frederico jedenfalls singt bei allen Liedern am lautesten – manchmal auch mit eigenem Text und häufig mit erheblichen Abweichungen gegenüber den „amtlichen" Melodien. Das stört jedoch niemanden, wie sich schon beim „Gloria" zeigt.

Wer schert sich schon um Melodien? Alle, die bisher noch halb schläfrig um den Altar gekauert haben, springen auf, klatschen in die Hände, und besonders Begabte beginnen mit den Hüften zu schwingen und Tanzbewegungen anzudeuten.

José, der Mann mit dem Holzbein, führt die kleine Polonäse an. „Gloria in excelsis Deo" ist für die frühen Kirchgänger von Juruti die Gelegenheit, sich die Nacht aus den Gliedern zu schütteln und der Angst vor dem neuen Tag die Fröhlichkeit der Kinder Gottes entgegenzusetzen.

Es braucht seine Zeit, bis die kleine Kirchengemeinde sich nach dem Gloria wieder beruhigt.

Dann folgt das Evangelium. Alfons erklärt den um den Altar versammelten „Seligen" – arm im Geiste, weil von keinem Hochmut gefährdet, von keiner Intelligenz zur Habgier verführt, von keiner Gescheitheit zur Herrschaft prädestiniert – die Geschichte von der Hochzeit, zu der die Geladenen nicht gekommen sind. Um keine Ausrede waren sie verlegen. Alles war ihnen wichtiger, Viehkauf, Brautschau usw. Da lässt der Herr an Hecken und Zäunen jene einsammeln, die nie zu einem Fest eingeladen werden. Diese „Nichtvorgesehenen“ sind die wahren Hochzeitsgäste. Die Unangemeldeten und Nichtgeladenen ließen alles stehen und liegen und kamen. Es sind die Geschwister der Schmuddelkinder von Juruti. Ein großes Hochzeitsfest wurde gefeiert, und Alfons erzählte, was dort alles gegessen und getrunken wurde.

Feiert nicht heute Morgen in Juruti Jesus mit den Seinen auch ein Fest?

Zur Opferung trägt jeder seine Bitte vor. Kein Schmuddelkind erbittet etwas Materielles für sich. Die Oma bittet für die Tochter, die Roberta für einen kranken Freund, Frederico für seine Mama, die keiner kennt, und der Polizist bittet darum, dass er endlich den Dieb fasst, der immer wieder im Feuerwehrhaus Werkzeuge klaut. Drei von den Dreißig wünschen endlich eine schöne Madonna in der Kirche, und einer dankt Jesus dafür, dass er lebt. Merylin bittet für ihre gestorbene Mama, die sie nie gesehen hat. Es ist ein bunter Wunschzettel, den Jesus heute morgen studieren muss.

Nebenbei sind unsere frommen Kirchgänger mit der Kollekte beschäftigt. Alle kramen in Taschen und Beuteln oder entlegenen Zipfeln ihrer Kleider nach der milden Gabe. Jeder findet etwas, was im Körbchen landet. Merylin spendet einen großen Geldschein. „Sie hat's ja auch.“

„Unsere liebe Frau von Juruti“ ist verschuldet. Das Material für das Dach ist noch nicht bezahlt. Und bevor der Patron oder der korrupte Bürgermeister die Rechnung bezahlt, zahlen die Schmuddelkinder selber. Denn schließlich ist „Unsere liebe Frau“ unsere Kirche. Die Kirche der Armen, von den Armen für die Armen.

Nach dem Sanctus versinkt die Kirche in dunkles Schweigen. Nur ein plötzliches Schnarchen des Fischers unterbricht die Stille. Er wird kurz angerempelt und unterbricht prompt das Schnarchen – wenigstens während der Wandlung. Der arme Mann hat Schlaf nachzuholen. Drei Nächte hintereinander hat er auf dem Amazonas gefischt.

Der Friedensgruß wird zum großen Palaver. Jeder umarmt jeden, jeder redet auf jeden ein.

Als Jeronimo, der Mann, von dem niemand weiß, von was und wo er lebt, auf mich zusteuert, werde ich von einer vorauseilenden Geruchswelle erfasst, die aus Knoblauch, Schnaps und gekochten Bohnen gemischt zu sein scheint, inklusive schwer definierbarer Gewürze. Aus der Nähe wirkt sein einziger Zahn, der aus dem unteren Gaumen heraus über die Oberlippe ragt, noch bedrohlicher, weil es scheint, als wolle er nicht küssen, sondern den Geküssten aufspießen. Auf die Ohnmachtsanfälle jener, die er mit seinem Spezialgeruch beglückt, ist Jeronimo durch lange Erfahrung vorbereitet. Er zieht mit dem einzigen Arm, den er hat, den Geküssten so nah an sich, dass dieser fast den Boden unter den Füßen verliert. Notfalls hilft er mit dem Knie nach, wenn der Begrüßte nach der vom fehlenden Arm freigelassenen Seite zu kippen droht. Atem gegen Atem haucht Jeronimo: „Pax tecum“, und ich antworte mit letzter Kraft: „Et cum spiritu tuo“.

Die Kommunion empfangen die Leute mit weit geöffnetem Mund und lang herausgestreckter Zunge, auf die Alfons die Oblate legt. Es ist wie bei der Vogelmutter: Wenn sie ins Nest zurückkehrt, strecken ihr die Vogelkinder die Schnäbel entgegen und recken die Hälse.

Versehen mit himmlischer Speise versinken die Gesättigten in einen gleichsam mystischen Schlaf. Die Augen bleiben lange geschlossen. Von wem träumen sie?

„Maria Morgenstern …“, mit diesem Lied holt Alfons alle aus ihrer Trance, und nach kurzem Zögern singen alle mit, und es klingt, als würde das Lied aus tausend Kehlen geschmettert.

Als Alfons die Hand zum Segen erhebt, durchbricht just in dem Augenblick der erste Sonnenstrahl das Kirchenfenster und verwandelt den Altar im Handumdrehen in eine hell leuchtende Lichtinsel.

Die blinde alte Lala sieht das Lichtspiel nicht. Aber sie spürt es und strahlt über das ganze Gesicht mit.

Jetzt nehmen sich die Schmuddelkinder an die Hände. Im Kreis schreiten sie beschwingt um den Altar. Alle Sorgen, alle Ängste sind abgefallen.

Ein neuer Tag beginnt in der schwülen, bösen Luft von Juruti. Was wird er bringen?

Die Schmuddelkinder von Juruti haben heute Morgen einen kleinen Zipfel des Himmels „begriffen“. Noch nicht und schon da war der Himmel bei Sonnenaufgang in der Kirche „Unserer lieben Frau von Juruti“. Wer ihn am eigenen Leib gespürt hat, der wird ihn sich den lieben langen Tag nicht aus den Knochen schütteln. Wenn er Glück hat, reicht der Vorrat himmlischer Ahnungen bis zum Abend. Die Schmuddelkinder von Juruti – vielleicht sind sie Gottes Lieblingskinder. Wenn ihnen die Erde zu schwer wird, lässt Gott sie morgens ab und zu ein bisschen hinter die Wolken gucken.

Adolf
oder „Wer ist Christ?"

Onkel Adolf war ein herzensguter Mensch, ein fleißiger Opel-Arbeiter, ein überzeugter Kommunist und ein Wortbrecher.

Aber alles der Reihe nach.

Wortbruch beging Adolf, als er zuließ, dass Helga, seine Tochter, noch im Wochenbett der Mutter evangelisch getauft wurde, obwohl er den Schwiegereltern vor der Ehe mit ihrer Tochter Anni versprochen hatte, dass die Kinder katholisch getauft und erzogen würden. Nur der zweite Teil des Versprechens wurde gehalten: Helga wurde eine bigott fromme Katholikin. Ihre fromme Erziehung ließ Adolf bereitwillig zu. Der erste Teil des gegebenen Wortes wurde dagegen, wie gesagt, schmählich gebrochen. Die Taufe war ein Überrumpelungsmanöver der streng protestantischen Eltern von Adolf, die es nicht zulassen konnten, dass unter ihrem Dach ein Kind, gar noch ihre erste Enkelin, katholisch getauft wurde. Adolf stellte sich diesem Überfall nicht in den Weg. Er gab klein bei, lief davon und ließ feige seine weinende Frau im Stich. Zurück kam er erst wieder, als die Taufe vorbei war: ein Fahnenflüchtiger des Ehrenwortes.

Oma Lieschen, die strenge Katholikin, kam darüber hinweg. Sie benutzte jeden Besuch bei ihrem Enkel zum katholischen Religionsunterricht. Peter, ihr Ehemann, der in einem eher laxen Verhältnis zu seiner Kirche stand, kümmerte sich weniger um Erziehungsfragen. Er selbst nahm es ja auch nicht zu ernst mit den katholischen Pflichten. Der Wortbruch des Schwiegersohns jedoch war für Peter unverzeihlich. Niemals mehr durfte Adolf die Wohnung von Peter betreten. Selbst als die alltäglichen Verhältnisse zum Schwiegersohn schon wieder entspannter waren und der Sozialdemokrat Peter es sogar schweren Herzens hinnahm, dass Adolf Kommunist war, blieb der Wortbruch die Sperrmauer, die Adolf den Zugang zur Wohnung der Schwiegereltern zeit seines Lebens verwehrte.

Das führte an allen Weihnachtsfesten, also Jahr für Jahr, zu schweren innerfamiliären Störungen. Denn wenn am zweiten Weihnachtstag die Kinder, Schwiegertöchter und -söhne angereist kamen, um sich unter dem Christbaum von Oma und Opa zu versammeln, kam Adolf zwar bis zur Tür, aber die Schwelle überschritt er nie. Peter begrüßte dort vor der Tür seinen Schwiegersohn, wie es sich gehört, wünschte ihm „Frohe Weihnachten" und im selben Atemzug „Gute Heimreise".

Jahr für Jahr jammerten die Kinder, flehten Anni und die anderen um Amnestie für den armen Adolf. Selbst Lieschen, die Strenge, schloss sich den Gnadengesuchen an und schalt ihren Mann als Sturkopf und hartherzig dazu. Es half nichts. Peter würdigte die Einsprüche noch nicht einmal eines Wortes. Für Wortbruch gab es kein Pardon.

Adolf blieb ungeachtet seiner jährlichen Niederlagen ein respektvoller Schwiegersohn, den außer seiner kommunistischen Partei, seinem Auto, seiner Frau und seinem Kind nichts interessierte.

Bis an sein seliges Ende blieb er seinem Idol Karl Marx treu. Selbst als die Kommunistische Partei in der Bundesrepublik Deutschland verboten worden war, bezog Adolf weiter sein „kommunistisches Blättchen“. Woher, weiß ich nicht. Für ihn jedenfalls war das, was darin stand, das, was für andere die Bibel ist. Er lebte in der Bundesrepublik Deutschland gleichsam im Exil. Die DDR war das Gelobte Land.

Von den paradiesischen Zuständen im Musterstaat des antifaschistischen Sozialismus wollte er mich immer überzeugen – was ihm allerdings zu seinem Bedauern nie gelang, obwohl er keine Mühe scheute und mich sogar 1950 auf die Wartburg zu einem geheimen Kommunisten-Treffen mitnahm. Ich wehrte mich dort tapfer meiner Haut und widerstand allen Überzeugungsversuchen und Verlockungen. Wahrscheinlich hielten sie mich dort für so verstockt und für jeden Missionsversuch ungeeignet, dass sie Onkel Adolf empfahlen, mich nicht mehr mitzubringen.

Ich rächte mich, indem ich über dreißig Jahre später Onkel Adolf einlud, in die Staatskarosse einzusteigen, in der ich als neuer Arbeitsminister fuhr. Der Autofan Adolf konnte – wie ich richtig berechnet hatte – der Versuchung nicht widerstehen und stieg ein. Kaum ein paar Meter gefahren, kündigte ich ihm an, dass ich der kommunistischen Betriebsgruppenleitung Meldung machen würde: „Adolf Schmidt ist im Wagen der revanchistischen, faschistisch-kapitalistischen Regierung der BRD mitgefahren.“ Adolf war wie von der Tarantel gestochen und wollte sofort aussteigen. Ich hatte Mühe, wenigstens zu verhindern, dass er das bei voller Fahrt tat.

Wir drehten eine Kurve ums Viertel, in dem Adolf wohnte, und unter Gelächter meinerseits und wüsten Beschimpfungen seinerseits setzte ich ihn vor seinem Siedlungshäuschen wieder ab. Wie ein begossener Pudel verdrückte er sich ins Haus.

Von Onkel Adolf gibt es allerdings nicht nur vom Wortbruch und aus seinem kommunistischen Leben zu berichten. In Kriegszeiten nahm er immer zwei „Henkelmänner" mit zur Arbeit. In dem einen war das Essen für ihn selber, und in dem anderen das Essen für die – wie er sie nannte – „Russemädscher", die als „Fremdarbeiterinnen" für ein schlechtes Essen und miserable Unterkunft bei Opel schufteten. Das Essen im zweiten Henkelmann war abgezweigt von den spärlichen Essensrationen, die auf Lebensmittelkarten Adolf und seiner Familie zugeteilt worden waren. Adolf teilte mit den armen Frauen aus Russland.

Was Adolf tat, war verboten. Adolf tat es dennoch. Und es ging auch lange gut mit den beiden Henkelmännern. Bis ein Denunziant ihn verriet. Adolf wanderte ins Konzentrationslager. Tante Anni, seine Frau und ebenso fromm wie ihre Schwester Gretel, meine Mutter, Helga, seine evangelisch getaufte Tochter, und ich zündeten fortan jeden Tag eine Kerze vor dem Marienaltar an. Wir beteten für das Überleben von Onkel Adolf.

Onkel Adolf kam nach Kriegsende nach Hause, zwar abgemagert und erschöpft, aber dennoch ungebrochen. Er hatte Schreckliches hinter sich, aber Hitler war tot.

Onkel Adolf nahm seinen Dienst bei Opel ohne viel Federlesens und so selbstverständlich wieder auf, als sei er gerade nur mal für einige Wochen verreist gewesen.

Der, der ihn verraten hatte, war ein angesehener Abteilungsleiter und wurde ordnungsgemäß im Rahmen der Entnazifizierung bei Opel entlassen, Nach einiger Zeit war er jedoch schon wieder Produktionsleiter bei VW in Wolfsburg. So war das eben damals mit der Vergangenheitsbewältigung.

Adolf beunruhigte das weiter nicht; es bestätigte ihn eher in seiner Verachtung der Verkommenheit des „kapitalistischen Systems".

Er fehlte nie auch nur einen Tag in seinem Arbeitsleben – auch nicht krankheitshalber – und war ein pflichtbewusster, zuverlässiger Arbeiter, der bei seinen Kollegen ob seiner Freundlichkeit und Hilfsbereitschaft allseits beliebt war. So blieb das bis zu seiner Pensionierung. Es gibt über diese Zeit nichts Nennenswertes zu berichten, abgesehen davon, dass Adolf weiterhin ein glühender Verteidiger des Kommunismus gegen „Pfaffen, Ausbeuter und Kriegstreiber" war – freilich nicht mehr mit zwei Henkelmännern, sondern nur noch mit einem. Das war's.

P. S.:
Der ihn verraten hatte, war im Übrigen nicht nur ein angesehener Opel-Abteilungsleiter, sondern auch ein ebenso hochgeehrtes Mitglied des Kirchenvorstandes Sankt Georg in Rüsselsheim, der Pfarrei, in der ich Messdiener war.

Taneli Varis oder „Das karelische bäuerliche Lebensprinzip"

Taneli ist sein Rufname, Varis sein Familienname. Er ist Bauer in Nordkarelien. Er übernahm den Hof von seinem Vater. Er ist der jüngste von vielen Geschwistern und ein Nachzügler.

Die älteren Brüder wollten nicht so lange warten, bis der Alte bereit war, den Hof abzugeben. Der Alte ließ die Söhne ziehen, gab jedem ein Stück Feld und viel Wald aus seinem riesigen Grundbesitz mit, einschließlich der dazugehörigen Seen. Sie bauten auf dem zugewiesenen Boden ihr Haus, gründeten eine Familie und wirtschafteten fortan mehr redlich als erfolgreich in innerer und äußerer Distanz zu dem Alten.

Nur Taneli wartete geduldig auf die Hofübergabe, gemeinsam mit seiner Frau und seinen Söhnen Sami und Tatu, unter dem Dach des alten Sturkopfs und seiner zweiten, herzensguten Frau, von allen liebevoll „Muumi“ genannt. Die erste war ihm durch Tod abhanden gekommen.

Der alte Bauer war eigentlich gar kein Bauer. Familientradition und -ehre hatten ihn aus seiner glänzenden Karriere im Staatsdienst herauskatapultiert. Er war einst Präsident des obersten Gerichtes in Finnland. Ein weltläufiger Mann. In seiner Jugend hatte er in Berlin Jura studiert und die Hauptstädte Europas bereist. Unerwartet war sein älterer Bruder, der Hoferbe, ehe- und kinderlos auf dem reichen Hof am Huosiolampi, einem kleinen See bei Polvijärvi, gestorben.

Antti Ilmari war jetzt an der Reihe. Er war der zweite Sohn. Pflichtgemäß verließ er, einem unausgesprochenen Kommando folgend, den Präsidentenstuhl im Gericht und tauschte ihn gegen den Pflug. Er wurde Bauer. Antti Ilmari soll zwar immer schon eine große, heimliche Sehnsucht nach den heimatlichen Wäldern gehabt haben, aber offenbar war seine Naturliebe mehr sentimental gestimmt als der Härte der finnischen Wälder und Felder angepasst.

Die Natur ist in Finnland so wenig wie anderswo nur lieblich. Die Wälder sind nicht nur anmutig, sondern auch unzugänglich, sumpfig und oft menschenfeindlich. Die Wiesen sind nicht nur von bunten Blumen übersät, sondern verwandeln sich im Winter in öde Schneelandschaften. Die tausend Seen glänzen nicht nur lieblich in der Sonne, sondern sind bei klirrender Kälte auch mit heimtückischen Eiskrusten bedeckt, in die man unversehens einbrechen kann. Suomi bietet nicht nur taghelle Nächte im Sommer, sondern auch stockfinstere Tage im Winter. Lebensfreude und Depression sind im Schichtwechsel. Die Mücken tanzen nicht nur anmutig im Sonnenschein, sondern überfallen auch in kollektiven Stechattacken Mensch und Tier. Das Jaulen eines Wolfes ist kein Singen im Wald, sondern ein Heulen, das durch Mark und Bein geht.

Das alles und noch mehr ist das neue Zuhause, in welchem der Herr Gerichtspräsident fortan seines Amtes waltet.

Antti Ilmari Varis ackerte ebenso erfahrungs- wie lustlos auf seinen Feldern. Die Erinnerung an seine einstigen Standespflichten verließ ihn jedoch nie. Er blieb ein in eine fremde Welt verbannter Herr und Schöngeist. Wenn er am großen Esstisch Platz nahm, dann präsidierte er der Versammlung, und alle Übrigen schrumpften zu Beisitzern. Es fehlte nur noch die Gerichtsglocke.

Es wird erzählt, dass er jeweils mit zwei Schuhen, die zu unterschiedlichen Paaren gehörten, hinter seinem Pflug hermarschierte: der eine Fuß in einem Gummistiefel in der Furche, der andere in einem „Stadtschuh" auf der noch ungepflügten Landkante. So pflügte er sein Land und wechselte am Ende der Furche die Schuhe.

Antti Ilman: ein karelischer Doppelgänger, Bauer und Präsident. Die beiden Seiten seiner Existenz konnten sich bis an sein Lebensende nicht aneinander gewöhnen. Den Akademiker in ihm hatte der Bauer gefangen genommen. Er musste aber offenbar immer bewacht werden, damit er nicht ausbrach.

Später, als er schon über 90 Jahre alt war und der Spätgeborene Taneli gerade den Hof übernommen hatte, lernten wir ihn kennen. Auch damals keine Spur von Ergebenheit in die bäuerliche Existenz. Schwarze Hose, weißes Hemd. Hosenträger über den schmalen, knochigen Schultern, den Hut auf dem Kopf, schlurfte er hager und hoch erhobenen Hauptes über den Hof. Sehr gesprächig war er nicht. Ein Hauch von Bitternis und Lebensferne umgab ihn immer.

Ganz anders Taneli, ein handfester Kerl und als solcher ein typischer Vertreter des karelischen bäuerlichen Lebensprinzips. Kaum hatte er den Hof übernommen, explodierte seine Tatkraft. Tausend Sachen probierte er aus. Das heruntergekommene, einst prachtvolle Bauernhaus – es könnte für Dr. Schiwago gebaut worden sein, so sah es aus – mit zwei Eingängen, einem großen, repräsentativen für die Herrschaft und einem kleinen für die Mägde und Knechte, wurde renoviert, die Scheune saniert und so gut wie alles auf den Kopf gestellt. Der Alte ließ alles wortlos geschehen. Wahrscheinlich bewunderte er sogar seinen Sohn ob dessen Lebenskraft und -saft.

Der rastlose Bauer Taneli verdiente sich nebenher Geld als Fischer, spielte sonntags mit seiner Handharmonika zum Tanz auf, er war ein Virtuose des finnischen Tangos. Taneli tanzte auf tausend Hochzeiten. Er hatte nur ein Ziel, nämlich den Hof wieder hochzubringen. Er ging auf die Jagd, baute Boote und betrieb ein kleines Sägewerk, dessen Material ihm die Bäume seiner Wälder lieferte.

Er war jedoch nicht nur ein Tausendsassa, sondern auch ein Stratege. Während seine Nachbarbauern noch Kühe hüteten und ihre Getreidefelder wie eh und je bewirtschafteten, dachte Taneli über die Zukunft der finnischen Landwirtschaft nach. „Karotten statt Kühe“ war seine Antwort, „Veredlung“ sein Stichwort. Also nicht nur Karotten anzubauen, sondern sie gewaschen, sortiert und verpackt den Handelsketten anzubieten war Tanelis Plan.

Alles, was Taneli macht, macht er mit Feuer und Flamme, voller Begeisterung. Er verschlang die einschlägigen Fachbücher, richtete sich eine Werkstatt mit Schmiede, Schweißgeräten und Schraubstock ein, baute eine Halle, lernte Elektronik im Fernstudium und stellte schließlich eine selbstgebaute Transferstraße auf, welche die frisch geernteten Karotten vorne verschluckt und hinten in durchsichtige Kilogrammtüten verpackt wieder ausspuckt, mit dem Firmennamen „Taneli-Varis-Porkkana“ bedruckt. Aus der alten Scheune wurde ein Kühlhaus, in der die Ware zum Abtransport lagert.

Taneli lässt nichts verkommen. Also galt es, das auf dem kuhlosen Hof funktionslos gewordene Heusilo einer neuen Aufgabe zuzuführen. Was ließ sich mit dem hölzernen Turm anfangen? Taneli setzte das ausrangierte Silo im Winter auf Kufen und zog es über Schnee und Eis vom Hof an das Ufer des Sees Huosiolampi, der ihm gehört: eine technisch-logistische Meisterleistung.

Am neuen Standort angekommen, sägte Taneli Fenster und eine Tür in den Turm, zog Bretter als Etagenböden ein, ließ eine selbstgefertigte Wendeltreppe die inneren Rundwände hochsteigen – und fertig war das Ferienhaus. Das Parterre teilte er durch eine Wand: links die Sauna, rechts die Küche. Taneli Varis – ein Selfmademan und ein Genie finnischer Baukunst.

Der Turm ist unser Tuskulum in Finnland. „Eulenhaus“ nannten es unsere Kinder. Jahr für Jahr kehren wir „zu ihm heim“. Das „Eulenhaus“ bietet „Luxus pur natur“. Fünf Schritte zum „Swimmingpool Huosiolampi“: ein kleiner See mit tausend Gesichtern – fröhlich in der Sonne wie ein Kind spielend und tieftraurig wie ein alter, mürrischer Mann in der Nacht, träumend unter tanzenden Nebelschwaden, wild im Sturm, lammfromm bei Windstille.

Das „Eulenhaus“ ist von einer eigenen Parkanlage umgeben. Kiefern, Birken und Erlen, Wiesen mit Gräsern und Moosen aller Art und dazwischen bunte Blumen gehören zum Programm dieser „karelischen Gartenschau". Ihr Gärtner ist der liebe Gott, und der ist bekanntlich kreativer als alle Landschaftspfleger. Eine Speisekammer umgibt die Hütte, alles direkt vom Erzeuger. Ihr Kühlaggregat ist die Natur. Was sie enthält, ist immer frisch: Pilze und Beeren und Kräuter. Das Beeren-Restaurant ist rund um die Uhr geöffnet. Man muss sich nur unter die Sträucher ins Gras legen. „Fast food" – aber nicht „Drive in". Ja sogar ein Tierpark gehört zum Haus mit Elchen, Füchsen, Fledermäusen, Waschbären, Vögeln, Eichhörnchen, Fröschen, Ameisen, Schmetterlingen, Schlangen, Wildenten. Ein Singschwan hat sich neuerdings auf dem See ein neues Zuhause gesucht. Zu alldem (und noch mehr) soll sich zudem noch ein richtiger Bär hier herumtreiben. Zwei Beerensammlerinnen ist er im vorigen Jahr begegnet und hat sie so erschreckt, dass sie alles stehen und liegen ließen und ihr Heil in der Flucht suchten. „Ludewig", so haben wir den nie gesehenen Bären getauft, ist scheu. Nie hat er sich uns gezeigt. Nur mit seinen Spuren, manchmal noch ganz frisch, macht er uns darauf aufmerksam, dass er unser Nachbar ist.

Die „reine Natur" ist janusköpfig: rau und zärtlich, sanft und grob, jedenfalls immer voller Überraschungen.

Es lässt sich nicht bestreiten, Taneli ist kein geborener Systematiker. Er ist mehr ins Anfangen als ins Vollenden verliebt. Er beginnt, das Dach zu streichen, und wenn es halb fertig ist, steigt er ab und macht sich an der Kanalisation zu schaffen. Zwischendurch repariert er die Bewässerungsanlage auf den Karottenfeldern … Aber irgendwie bringt er dennoch alles zu Ende, manchmal mit langen Unterbrechungen. Sein Verbesserungstrieb macht die Sachen nicht immer besser, jedenfalls nicht im Sinne ihrer ursprünglichen Originalität. Die Sauna hat er im letzten Jahr mit Kacheln ausgelegt und ein Spülklosett eingebaut. Das alte Plumpsklo im Wald war zwar unbequemer und die Holzsauna nicht so sauber; aber unerklärlicherweise passten sie besser zum Eulenhaus – macht nichts: Tanelis Innovationsfreude macht eben vor nichts halt.

Taneli ist jetzt älter geworden. Montags treffen sich bei ihm in der Wohnstube die Bauern aus der Nachbarschaft und spielen Karten. Das steht so fest wie der Sonnenaufgang und -untergang. Es ist das einzige Vergnügen, das er sich gönnt. Ob er nicht einmal verreisen möchte? Nein! Warum? Er hat doch alles. Einmal war er mit dem Bauernverband auf einer Studienreise in Frankreich. Nach drei Tagen ist er abgehauen. Er hatte Heimweh. Das gibt er nicht zu. „Das Essen hat nicht geschmeckt“, ist seine Ausrede.

Am Ende des Urlaubs, so etwa Mitte August, wenn die Karottenernte einsetzt, fahren die schweren Laster auf Tanelis Hof. Den einstigen Feldweg zum Hof hat er selbst geteert. Ja, Straßenbauer ist er auch, und auch das nicht dilettantisch, sondern nach erfolgreichem Studium der Straßenbautechnik zu Hause, abends im Bett. Die Straßenbaumaschinen hatte er ausgeliehen. Tanelis Straßen sind winterfest und halten die schwersten Transportfahrzeuge aus. Hoffentlich baut er nicht auch noch den Wiesenweg zu unserem Eulenhaus zur Teerstraße aus.

Wenn ich beim Beladen der Lastzüge zufällig am Hof vorbeikomme, rufe ich ihm zu: „Karotti-Kapitalist“, und er strahlt übers ganze Gesicht.

Die Söhne wollen den Hof nicht übernehmen. Sie leben in der Stadt. Doch Taneli bleibt sich und dem Hof treu. „Die Kinder müssen ihr Leben leben“, sagt er und macht weiter. Ein bisschen weniger will er machen, meint er. Aber das ist das Einzige, was er wahrscheinlich nicht „machen“ kann.

Man kann von Taneli viel lernen. Eigeninitiative: Ja! Vor allem: „Nie aufgeben. Sein Leben selbst in die Hand nehmen.“ Aber auch Solidarität. Allein und rücksichtslos gegen die anderen – das klappt hier nicht, ebenso wenig wie anderswo auch. Denn seinen Karotten-Plan hätte er nie alleine verwirklichen können. Wenn die Nachbarn mit ihm nicht jährlich die Felder wechseln würden, wäre es mit dem Karottenanbau nie etwas geworden. Denn immer Karotten auf demselben Boden verträgt kein Feld. Und wenn Not am Mann ist, hilft er den anderen und sie ihm.

Und neugierig ist er, der Taneli. Er will immer wissen, was in Deutschland los ist. Die Zeitung liest er vorwärts und rückwärts. Taneli ist wissbegierig. Der Alte hat ihn keine weiterführende Schule besuchen lassen. „Für'n Bauern langt's – ohne Universität hat er auch keine Flausen im Kopf, die es mir so schwer gemacht haben, Bauer zu werden“, mag er sich gedacht haben, der alte Herr Gerichtspräsident.

Doch Taneli ist kein Bauer, der zufrieden ist mit dem, was er weiß und hat. Er strebt immer nach Höherem – im Rahmen seines karelischen Horizontes. Das Höhere ist für ihn das, was er noch nicht kennt. Das will er wissen … und ausprobieren. Neulich hat er einen Fuchs gefangen und ihm ein elektronisches Halsband angelegt, damit er mit seinem Suchgerät die Lebensgewohnheiten der Füchse studieren kann. Ist sein Wissensdurst vielleicht gar ein Geschenk aus den Genen des Alten?

Taneli kann fast alles. Ab und zu schneidet er mir sogar die Haare. Auch dafür ist er mit allem Handwerkszeug ausgerüstet. Zum Service in Tanelis Haarstudio gehört, dass es bei jedem Blutstropfen, der hervorquillt, für den Meister und für den Kunden einen Wodka gibt. Ich bin aber jedenfalls noch jedes Mal heil rausgekommen und weiterhin im Besitz meiner beiden Ohren.

Antti Ilmari hat das Oberste Gericht und dessen Präsidentenstuhl verlassen, um den Hof im fernen Karelien zu retten. Er hat ihn mit Mühe und Not gerade noch so erhalten, dass er ihn übergeben konnte. Taneli hat das vom bäuerlich wenig begabten Vater heruntergewirtschaftete Gehöft wieder zu einem gut florierenden Betrieb „hochgeschafft“. Seine beiden Söhne sind in die Stadt geflohen. Dort lässt sich's bequemer leben.

Auf dem kleinen, familieneigenen Friedhof, einem Monument der großen Familientradition, sorgfältig eingezäunt und mitten im Wald gelegen, ein paar hundert Meter vom Hof entfernt, kann man auf einem großen Grabstein, auf dem die Namen derer stehen, die hier beerdigt sind, den verzweigten Stammbaum der karelischen Bauersfamilie Varis studieren. Irgendwann wird auch Tanelis Name dort eingemeißelt. Es wird wahrscheinlich der letzte Name sein.

Ernst Frangel oder „Der begnadete Weinsäufer"

Ernst Frangel ist lange tot und längst vergessen. Nur in der Erinnerung seiner Enkel und in meinem Gedächtnis ist er noch da. Viel hat er nicht zurückgelassen, aber meinem Leben hat er tiefe Spuren eingedrückt.

Ernst Frangel – Gott hab' ihn selig. Bauer aus Schafhausen, wo meine Mutter Gretel, mein Bruder Hans-Peter und ich während des Krieges Zuflucht gefunden hatten. Vater war im Krieg. Zwei Zimmer in Schafhausen, das war unser neues Zuhause. Für den Ofen musste ein Loch in den Kamin geschlagen werden, trotzdem ließ dieser Ofen sich nicht vom Qualmen abbringen. Wasser gab es nur aus einem Wasserhahn jenseits des Ganges, Abort über dem Hof. Später kamen noch Oma und Opa aus dem zerbombten Mainz und fanden Unterschlupf bei uns. Tante Änni und Helga, meine Cousine, standen wenige Tage später auch vor der Tür. Sieben Personen, zwei Zimmer, zwei ordentliche Betten. Es war eng, aber doch gemütlich.

Ich kam nur abends zum Schlafen nach Hause. Morgens war ich in der Schule, mittags bis spät in den Abend auf dem Feld, in den Weinbergen, auf den Wiesen und an der Selz. Die Selz war mein Nil. Ich bewässerte mit ihren „Fluten" meinen Garten Eden, den ich mit Genehmigung des Bauern, dem der Boden gehörte, einem kargen Feld entrissen hatte. Dort pflanzte ich Tomaten, zwar nicht so ansehnlich rund wie die Holland-Tomaten, die heute auf dem Markt zu haben sind, sondern eher verkrüppelt – dafür aber herzhafter und saftiger. Nebenbei hatte ich mir mit Hilfe eines selbstgebauten Staudammes einen kleinen, exklusiven Wellness-Club in der Selz eingerichtet, in dem ich zwischendurch meine von der Feldarbeit ermüdeten Knochen verwöhnte. Zum Schwimmen reichte der Wasserstand nicht. Zum Suhlen langte er.

Die Schule war zwei Häuser nebenan. Das war bequem, denn wenn das „Fräulein", die Lehrerin, aus Alzey am Horizont der Straße, auf dem Fahrrad strampelnd, in Umrissen erkennbar wurde, läuteten die Schulglocken. Es waren die einzigen Glocken im kirchenlosen Schafhausen. Ich durfte niemals das Seil ziehen. Ich war ein Städter, also offenbar einer anderen Rasse zugehörig, sozusagen ein Ausländerkind von weither. Den Schmerz, als Glockenläuter nicht zugelassen zu sein, habe ich nach 60 Jahren, also erst vor einiger Zeit, überwunden. Der einsichtsvolle, milde Schafhausener Ortsvorsteher ließ mich an einem hellen Samstagnachmittag endlich läuten. Diesmal allerdings nicht mehr am Seil. Das ist verschwunden. Der technische Fortschritt macht schließlich auch nicht vor Schafhausen halt. Ich drückte einen Schalter, und die alte Schulglocke bimmelte automatisch. Die Leute rannten auf die Straße, denn samstags läuten keine Glocken in Schafhausen, und wenn, dann nur im Katastrophenfall. Sei es, wie es sei. Ich habe im hohen Alter von 68 Jahren zum ersten Mal in Schafhausen geläutet. Ein Kindheitstraum ist in Erfüllung gegangen.

Dem „Fräulein“ gilt auch heute noch meine Bewunderung. Sie muss ein pädagogisches Genie gewesen sein, auch wenn ich das damals noch nicht ausreichend zu würdigen wusste. Man stelle sich vor: eine Zwergschule, also acht Jahrgänge in einer Klasse. Während die einen Rechnen lernten, übten die anderen still Lesen und Schreiben und wieder andere das Malen. Zwischendurch – aus heiterem Himmel – wurde gesungen. Wahrscheinlich, weil gerade mal wieder der Aufmerksamkeitspegel unter die Lernfähigkeitsgrenze gesunken war. Das alles und vieles mehr funktionierte ohne Stundenplan, sondern aus dem Stand der jeweiligen „pädagogischen Gefechtslage“ heraus.

Konzentration durch Abschalten von allem Drumherum habe ich in der Zwergschule Schafhausen gelernt. Das war eine Übung, von der ich ein ganzes Leben lang gezehrt habe. Ich hätte die vielen, unendlich langweiligen Sitzungen, die ich in meinem politischen Leben über mich ergehen lassen musste, in denen zwar schon alles gesagt war, aber noch nicht von allen, nicht ohne Schaden für meinen Kopf überlebt, wenn mir in der Schafhausener Zwergschule nicht das „Abschalten“ beigebracht worden wäre.

Am Ende jedes Schultages bekam ein Kind aus der Klasse mit Hilfe gelber Kreide eine „Goldene Nase“. Das war das tägliche Honorar für besondere Leistungen und heiß begehrt von Kindern und Eltern. Das ganze Dorf lauerte darauf, wer heute wieder das sichtbare Lob eingeheimst hatte. Deshalb stand der Heimweg der Kinder immer unter erhöhter Beobachtung seitens des Dorfes. Die Goldene Nase wurde immer auffällig transportiert: Hoch erhobenen Hauptes, am besten auf der Straßenmitte. Ich habe auch zuweilen die Goldene Nase nach Hause getragen. Allerdings, ehrlich gesagt, nicht allzu oft. Denn ein Musterschüler war ich nicht. Als „verhaltensauffälliges Kind“ würden mich die pädagogischen Experten heute abstempeln. Meine gute Mutter aber nannte das altmodisch – der Terminologie des heutigen Fachpersonals nicht mächtig – einfach „Flegel“, und das war treffsicherer als die gescheite, unverständliche pädagogische Einsortierung, mit dem heutzutage Kinder stigmatisiert werden.

Schafhausen war für mich wie ein aufgeschlagenes Buch, aus dem ich eine Welt ohne Druckbuchstaben lesen gelernt habe. Als der Stier die Kuh bestieg (was ich gegen ausdrückliches Verbot versteckt beobachtete), dämmerte mir, dass die Kinder doch nicht vom Klapperstorch gebracht werden.

Mein erstes Fernseh-Erlebnis hatte ich noch lange vor der Einführung von Television hoch oben auf dem Gipfel eines Baumes über den Weinkellern am nördlichen Rand von Schafhausen, und das dreidimensional. Mein Programm konnte ich ohne Fernbedienung schalten. Die Welt lag mir zu Füßen. Mein Bildschirm hatte nur die Grenzen des Horizonts. Die „Sendung mit der Maus“ habe ich, bevor sie im Fernsehen zu besichtigen war, in dunklen, mäusereichen Feldscheunen in Echtzeit erlebt. Alles ohne Fernsehgebühren.

Schafhausen war für mich ein riesengroßer Abenteuerspielplatz ohne Zaun. Und der Ernst Frangel war mein bester Spielkamerad. Auf dem „Plugskarren“ saß ich vorne neben ihm, und er erklärte mir die Welt, jedenfalls die, die er für wichtig hielt. Wiesen und Felder, Blumen und Bäume und die Tiere, große und kleine, Vögel und Schnecken, nicht zu vergessen die Hamster, von denen er mir zeigte, wie man sie aus dem Bau treibt.

Ernst Frangel war ein herzensguter Mensch. Wenn ich Heiligenbildchen malen könnte, würde man ihn darauf mit seiner zu engen Lederkappe sehen, die wie ein kleiner Heiligenschein auf seinem Kopf saß, und mit seiner kleinen, dicken, roten Säufernase im Gesicht, immer verschmitzt lächelnd, und ich würde unten drunter schreiben: „Heiliger Ernst – bitte für uns."

Ernst war klein, fast schmächtig. Wenn er mit dem Bürgermeister, einem Hünen von Gestalt, sprach, hätte man von weitem annehmen können, er knie vor ihm, denn jener war zwei Köpfe größer. Ernst aber stand vor der nationalsozialistischen Obrigkeit als kleiner Mann – und widerstand ihr. Ja, er verachtete sie, ganz im Unterschied zu seiner kraftvollen Ehefrau Elisabeth, die selber den Verlust ihres ältesten Sohnes noch in die heroische Phraseologie der Hitlerdiktatur kleidete: „Ja, ich bin stolz, dem Führer ein Kind geopfert zu haben", sagte sie kalt, als ihr Sohn in Russland gefallen war. Ernst verstand die Sprache nicht; er trauerte um seinen „Bub". Wie man stolz auf den Tod seines Kindes sein kann, habe ich schon als Kind nicht kapiert.

Ernst Frangel war mutiger, als er aussah. Mit einem Hengst vor dem „Plugskarren" schaffte er Geschwindigkeiten, mit denen er auch heute noch jedes Trabrennen gewinnen würde. Er war der Michael Schumacher der „Plugskarrenfahrer". Allerdings entsprach das erhöhte

Tempo nicht immer Frangels Willen, sondern war manchmal auch eine Art Rache von „Felix“, der sich als ehemaliges Reitpferd der französischen Armee offenbar durch triviale Spanndienste diskriminiert sah. Mit anderen Worten: Felix „ging durch“ – ab und zu, was den Plugskarren und Frangel Ernst nebst mir bisweilen in große Bedrängnis brachte, wenn wir von der von Felix falsch berechneten Zentrifugalkraft aus der Kurve getragen wurden und tatsächlich auch zweimal kippten.

Wie dem auch sei. Felix trat überdies bisweilen völlig grundlos und ohne Vorwarnung nach hinten aus. Ernst ist mehrfach getroffen worden. Irgendwann wurde es dann sogar dem ansonsten über alle Aufregung erhabenen und alle Angriffe von sich abschüttelnden Ernst Frangel zu bunt. Felix wurde „abgeschafft“ und eine alte, ausgediente Mähre mit eitrigen Ekzemen am Hals trat an Felix’ Stelle. Frangel hatte sie aus einheimischen Heeresbeständen erworben. Der Gaul – im Vergleich zum feurigen Felix eine alte Dampfmaschine – ließ sich sogar neben der Kuh vor den Pflug spannen. So wenig Standesbewusstsein hätte Felix nie gehabt. Ich habe Felix nachgetrauert und vermute, Ernst heimlich auch.

Aber es war nicht alles nur heiter in Schafhausen. Tiefflieger stürzten unversehens aus dem heiteren Himmel und spuckten im Tiefflug ratternde Salven aus ihren Bordkanonen. Einen abgeschossener Zug, der verlassen auf dem Gleis hinter dem Schafhausener „Hauptbahnhof“ stand, überprüften wir, die Schafhausener Buben, mutig und neugierig an einem ruhigen Sonntagmittag. In der Lokomotive glühte unterm Kessel noch das Kohlenfeuer.

Wir bedienten alle Hebel, aber die Lok wollte nicht mehr. Sie blieb, wo sie war, stehen – trotz all unseres guten Zuredens.

Ersatzweise durchstreiften wir den Zug und spielten Zugschaffner. Da, plötzlich, stürzte wieder so ein eiserner böser Raubvogel aus den Wolken auf den Zug und beschoss ihn erneut aus allen Rohren. Alle sprangen aus den Waggons und fast kopfüber in den schützenden Graben. Nur ich nicht. Ich konnte nicht. Ich war der Letzte in der Reihe der Zugschaffner. Vor mir fiel die Tür zu. Ich bekam sie nicht auf. Um mich flogen die Fetzen, geborstene Scheiben, Holzstücke etc. – und der Flieger kam auch zu allem Unglück zurück und wiederholte sein teuflisches Feuerwerk. Seit diesem Moment weiß ich, was Todesangst ist.

Meine Mutter hat das ganze Drama von der oberhalb gelegenen Hauptstraße aus beobachtet, schrill schreiend, wie ich sie noch nie gehört hatte. Zum Schrecken bekam ich dann auch noch Prügel. Mama war übrigens ansonsten nicht zimperlich oder gar ängstlich. Ich staune im Nachhinein, wobei sie mich alles gewähren ließ. Ich durfte im tiefen Feuerwehrteich ohne Aufsicht Schwimmen üben. So viel Mut hatte ich mit meinen Kindern nie, und bei meinen Enkeln schon gar nicht.

Zurück zu Frangel Ernst. Er war ein begnadeter Weintrinker. Was ist daran schlimm? Schließlich war er ja Weinbauer. Und ein Weinbauer, der nicht trinkt, ist wie ein Schuhverkäufer, der barfuß läuft. Seine Frau, die strenge Frau Frangel, die wahre Herrscherin im Hause Frangel, immer auf Korrektheit bedacht, mit ihrem gut sitzenden, von spitzen Haarnadeln gehaltenen Knoten am Hinterkopf, immer sorgfältig und sauber angezogen, sah das allerdings anders. Die Hausherrin hielt den Frangel Ernst unter Kuratel und limitierte seinen Weingenuss. Ernst umging die häuslichen Trinkrichtlinien auf seine Weise. Fröhlich schweigend, aber klug handelnd. Er kam jedenfalls auf das tägliche Weinquantum, das er für sich für zuträglich hielt. Über dieses Quantum hatten Frau und Herr Frangel bisweilen unterschiedliche Ansichten.

Als Liesel, Frangels Tochter, ihren Bräutigam, einen Arzt, eines schönen Sonntags in die Familie einführte, war von Frau Frangel alles gut vorbereitet und für alle denkbaren Unwägbarkeiten gut vorgesorgt. Schon tagelang vorher war Großreinemachen angesagt. Frangels Hof glänzte und roch aus allen Fugen nach Sauberkeit.

Das Mittagessen begann. Auch wir, die zugereisten Hintersassen, waren zum feierlichen Mittagsmahl geladen. Ernst war offensichtlich eingetrichtert worden, dass er nur limitierten Zugriff zur Weinflasche habe. Jeder bekam sein Glas gefüllt, auch Ernst. Er trank es nach einem kurzen hastigen „Prost“ auf einen Schluck aus. Das Glas war leer.

Die Konversation bewegte sich höflich schleppend weiter. Doch dann bewegte sich Ernst Frangels rechte Hand millimeterweise, aber zielgerichtet auf das Weinglas des gegenüber sitzenden Gastes zu. Dieses Weinglas trug – im Unterschied zu Frangels leerem – seinen Namen zu Recht, denn es war noch fast voll. Der feine Doktor hatte genippt, Frangel hatte geschluckt. Das Ziel der Aktion war leicht zu raten. Ich saß am unteren Tischende, dem strategisch günstigsten Platz, um beide Seiten zu sehen und alle Aspekte des Dramas zu beobachten.

Das Gespräch erstarb. Frau Frangel zürnte wortlos. Liesel wurde überaus verlegen und rutschte unruhig auf ihrem Stuhl hin und her. Der Schwiegersohn, einfach ein Herr von Welt, übersah geflissentlich die sich kontinuierlich und bedrohlich nähernde Hand des Schwiegervaters in spe. Als Ernst am Ziel seiner Handexpedition angelangt war, umfasste er mit sicherem Griff den Stängel des Weinglases und brachte es mit einem fast fluchtartigen Ruck auf seine Seite, an seine Lippen und … ein Schluck – der für den Gast vorgesehene Wein war weg. „Not macht erfinderisch", dachte ich und lachte lauthals, was mir böse Blicke meiner Mutter zuzog. Also war es doch nicht so lustig, wie ich meinte.

Vom weiteren Fortgang des Tischgespräches weiß ich nichts mehr. Liesel bekam ihren Ehemann. Ernst stand dem jedenfalls nicht im Weg. Er stand überhaupt niemals jemandem im Weg, sondern blieb ein stillvergnügter, verständnisvoller Weintrinker.

Mich hat Ernst Frangel auf seine Weise in die Lebensweisheiten des Weingenusses eingeführt. Jährlich mussten die leeren Fässer gereinigt werden, damit sie im Herbst wieder gefüllt werden konnten. Dafür waren aus anatomischen Gründen exklusiv Kinder geeignet. Das Spundloch ist klein.

Frangels Fassreinigungsspezialist war ich. Ich kroch ins Fass. Bürsten wurden nachgereicht, eine Lampe dazu. Frangel spritzte mit einem dicken, langen Schlauch Wasser ins Fass, und ich begann die Auseinandersetzung mit Weinstein & Co. Ich war froh, wenn ich aus dem Fass-Gefängnis wieder raus war, und Frangel schlug mir anerkennend auf die Schulter, nahm mich an die Hand, schleppte mich zu einem kleinen Fässchen, drückte einen dünnen, kurzen Schlauch in das obere Loch des Fasses, zog an … und wir tranken abwechselnd, aber gemeinsam Wein, jeder ein Quäntchen mehr, als es dem aufrechten Gang zuträglich ist.

Zu Hause angekommen, musste sich der arme Frangel eine gesalzene Strafpredigt meiner zornigen Mutter anhören. Er stand wie ein begossener Pudel da und schwor heilige Eide, dass er das mit mir und dem Weinschlauch nie mehr machen würde. Er hat den Eid gebrochen und ist doch kein Meineidiger, denn sein Versprechen hatte er schließlich mit leicht getrübtem Bewusstsein gegeben.

Keine Strafe, sondern nachträgliches Lob erhält Ernst Frangel jedoch von mir. Denn mehr als aus allen Weinbüchern habe ich durch die Kindheits-Symbiose mit Frangel Ernst die tiefen Geheimnisse des Weines zu schätzen gelernt.

Ernst und Frau Frangel glichen sich im Alter immer mehr aneinander an, wobei Frau Frangel sich mehr Ernst assimilierte als umgekehrt. Die Schicksalsschläge hatten Frau Frangel gebeugt. Ihre sechs Kinder waren entweder verstorben oder verzogen, was fast auf das Gleiche herauskam. Aus dem stolzen „Germanenweib“ wurde ein gutmütiges Mütterchen, aus Herrschaft der Frau eine altersmüde Liebe zwischen Ernst und Elisabeth. Bisweilen schafften sie etwas, was ihnen bis dahin in 60-jähriger Ehe noch nie geglückt war: Sie saßen still auf der Couch nebeneinander und hörten gemeinsam Musik. Dabei hatten sie nur drei oder vier Schallplatten: Die „Eroika“ von

Beethoven, „Die kleine Nachtmusik" von Mozart und das „Ave Maria" von Schubert. Nicht zu vergessen Rudi Schuricke: „Wenn bei Capri die rote Sonne im Meer versinkt …"

Ernst wunderte sich manchmal selbst über die Veränderung. Aber auch er hatte sich vom Säufer zum Trinker gemendelt, was bekanntlich ein himmelweiter Unterschied ist.

Sollte ich in den Himmel gelangen, wo Ernst bestimmt ist, werde ich mit ihm zusammen ewig Wein trinken, und keine himmlische Mahlzeit oder Vorstellung von Heiratskandidaten wird durch unser Schlürfen gestört. Die Engel wedeln mit Palmzweigen, Weihrauchwolken duften, arme Seelen, die noch nüchtern bleiben müssen, um noch ihre Sünden abzubüßen, schweben um uns herum, goldene Sternlein glänzen, Beethoven spielt Orgel, Bach bläst Trompete, Mozart trillert Klarinette und Vivaldi streicht wie wild auf der Bratsche, Chopin bearbeitet die Klaviertasten und Weizsäcker hält wie gewohnt eine schöne Tischrede. Das Ballett der Theologen-Dogmatiker, Exegeten, Pastoralspezialisten tanzt einen rauchzarten Pas-de-deux. Der Chor der Bischöfe, Erzbischöfe und Kardinäle singt: „So ein Tag, so wunderschön wie heute". Und die Heiligen Drei Könige verteilen Geschenke.

Ernst und ich nippen, schlürfen und schlucken. Per omnia saecula saeculorum. Und sollten wir einmal in Vorratsschwierigkeiten kommen, werde ich den Chef bitten, den Trick von der Hochzeit zu Kana zu wiederholen!

Babett oder „Die Große, Starke, Gute"

Babett war ein Kraftprotz und meine Oma. Auf einem Bein stehend konnte sie über dem angewinkelten Knie armdicke Äste brechen.

Babett war eine selbstbewusste Proletarierin und eine der ersten Opelarbeiterinnen an einer Fräsmaschine. Emanzipation – das Wort kannte sie zwar nicht, aber sie war emanzipiert. Mit Schorsch, ihrem angetrauten Ehemann, der eine ängstliche Beamtenseele war, teilte sie sich die familiären Zuständigkeiten mit der einfachen Arbeitsteilung: Er war für die Einnahmen verantwortlich, sie bestimmte die Ausgaben. Er konnte zwar persönliche Wünsche äußern, aber die Richtlinienkompetenz handhabte Babett. Von Kompetenzstreitigkeiten ist mir nie etwas zu Ohren gekommen.

Als Geheimrat Fritz von Opel bei einem seiner berühmt-berüchtigten Betriebsrundgänge Babett aufforderte, den öligen Putzlappen aufzuheben, während sie die Fräsmaschine bediente, fertigte sie ihn kurz und bündig ab: „Wenn ich Kraut hacke, kann ich nicht kacken, wenn ich fräse, kann ich nicht sauber machen."

Der Geheimrat hatte der Stringenz dieser Logik, die selbst einen Aristoteles beeindruckt hätte, nichts entgegenzusetzen. Er ging sprachlos und kopfschüttelnd weiter.

Mit Minderwertigkeitskomplexen bekam Babett nie Probleme, weil sie keine hatte. So bestand sie auch gegenüber der Obrigkeit auf den Gesetzen des gesunden Menschenverstandes. Babett war mit einer unerschütterlichen, fröhlichen Natur begabt.

Als Gretel Beck, meine Mutter, und Christian Blüm, mein Vater, beschlossen hatten, für immer zusammenzubleiben, hielten sie es für angebracht, ihre Eltern einzuweihen und ein Schwiegerelterntreffen zu organisieren. Schwiegerelterntreffen sind immer delikat, beim ersten Mal sogar heikel. In diesem Fall von besonderer Brisanz, denn Blüms und Becks gehörten zwei Welten an.

Peter Beck war Buchdrucker und, wie es sich für einen Angehörigen der Arbeiterelite gehörte, selbstverständlich Sozialdemokrat. Georg Blüm war dagegen unpolitisch. Schorschs höchste Lebensmaxime war: Nur nicht auffallen.

Lieschen Beck war Mitglied der Zentrumspartei und des Katholischen Frauenvereins. Lieschen protestierte in der Nazi-Zeit ständig gegen Hitler, schrieb dem Führer bitterböse Briefe und schimpfte lauthals über die Schande, als jüdische Mitbürger mit einem gelben Stern auf ihren Kleidern markiert wurden. Die Nazis müssen sie für verrückt gehalten haben, sonst hätten sie Lieschen eingesperrt. Babett war anderer Gemütsart. Sie kümmerte sich vornehmlich ums Nächstliegende. Politik war ihr ebenso fremd wie ihrem Mann. Becks dagegen hatten ein politisches Bewusstsein.

Lieschen war immer von einem Streben nach Bildung getrieben, die ihr als Mädchen seinerzeit in der Schule nicht zugänglich gewesen war, schon gar nicht, wenn man nicht aus den höheren Schichten kam. Sie las Goethe und Schiller. Babett Blüm war vor diesen Verlockungen gefeit. Sie war mehr in Wald und Wiese zu Hause. Sie las, wenn sie las, nur Groschenromane, wie beispielsweise „Der ungeküsste Mund".

Beide – Blüms wie Becks – hatten ein Wohnzimmer. Bei Becks war das Zimmer, wie es der Name schon sagt, zum Wohnen bestimmt, bei Blüms dagegen nur zur Besichtigung. Wenn Besuch gekommen war, wurde die Wohnzimmertür einmal kurz geöffnet … und nach dem Hinweis: „Das ist unser Wohnzimmer" wieder geschlossen.

Becks waren beide katholisch, er mehr lau, sie sehr streng. Blüms waren evangelisch, beide lau.

Becks und Blüms trennte eine tiefe Kluft – mitten in der „Arbeiterklasse", der beide Seiten angehörten.

Das Schwiegerelterntreffen sollte bei Becks in Mainz stattfinden. Es war ein sonniger Herbstsonntag. Babett kam allein. Schorsch war gar nicht mitgekommen; ihn hatte im letzten Moment die Menschenscheu übermannt. Von dem Treffen werden keine besonderen Auffälligkeiten überliefert. Es wurde Kaffee getrunken und Kuchen gegessen. Babett war aufgeräumt und gesprächig und soll den Becks die Seele aus dem Leib gefragt haben.

Doch jedes Gespräch – auch das zwischen Schwiegereltern – geht einmal zu Ende. Peter begleitete Babett zum Bahnhof. Meine Mutter gehörte zum Begleitkommando und lief – wie es sich gehörte – nebenher.

Die Drei müssen auf der langen Allee, die zum Bahnhof führt, ein sonderbares Bild abgegeben haben. Peter

Beck, schwarzer, breitrandiger Filzhut auf dem Kopf, dunkler Sonntagsanzug. Babett hatte wie immer ein buntes Tuch um den Kopf geschlungen und über den langen, weiten Rock eine frisch gestärkte blaue Schürze gebunden. Ohne Schürze fühlte sich Babett unangezogen.

Babett war einen Kopf größer als Gretel und Peter und ging in der Mitte. Wo Peter und Gretel zwei Schritte machten, brauchte Babett nur einen.

Babett strotzte vor Kraft und wurde übermütig. Mitten im Gehen, flankiert von auf der Allee flanierenden, sonntäglich gestimmten Spaziergängern, ließ Babett laut und ungebremst – man höre und staune – einen kräftigen Furz fahren. Und um dem Ganzen die Krone aufzusetzen, beugte sie sich zu Peter Beck hinüber und hinab, um zu sagen: „Gesundheit, Herr Beck."

Beck Peter war durch einen solchen Fauxpas nicht aus der Contenance zu katapultieren, sondern ging ohne Schrittwechsel unbeeindruckt ruhig weiter. Er schob lediglich seinen Kopf nach vorn und sagte an Babett vorbei zu meiner der Ohnmacht nahen Mutter auf der anderen Seite: „Gretel, die Sau brauchst du nicht mehr mitzubringen."

Meine arme Mutter wusste nicht, wo sie hinsehen oder was sie sagen sollte. Sie suchte ein Loch, in das sie in ihrer Scham hätte verschwinden können. Ohne weitere Kommentare oder vertiefende Gespräche wurde der Gang zum Bahnhof fortgesetzt. Babett soll zwar etwas von ihrer Munterkeit eingebüßt haben, jedoch nichts von ihrem Selbstbewusstsein.

Am Bahnsteig verabschiedete sich Peter Beck formvollendet und wünschte Babett Blüm – wie es der Anstand gebot – eine gute Reise, drehte sich um und ging davon. Ein weiteres Schwiegerelterntreffen fand nie mehr statt. Es bestand dafür offenbar auf beiden Seiten kein Interesse mehr.

Umso mehr bei Gretel und Christian. Sie heirateten umgehend.

Babett versorgte in den Kriegszeiten ihren und unseren Haushalt mit Brennmaterial. Dazu zog sie in den Wald zum „Holzhole". Auf einem übergroßen Leiterwagen transportierte sie die Holzladung nach Hause. Die Äste und kleineren Baumstämme stapelte sie hoch auf dem Leiterwagen bis hart an die Belastungsgrenze, zurrte das Holz mit dicken Seilen an den Seitengeländern des Wagens fest und spannte sich dann selbst an die Deichsel. Zur Verstärkung ihrer Zugkraft hatte sie sich einen breiten Lederriemen quer über Brust und Schulter gespannt, der an der vorderen Wagenachse befestigt war. Zudem wurde die schmächtige Gretel, ihre Schwiegertochter, angewiesen, von hinten den Wagen zu schieben.

Zu Hause angekommen wurde abgeladen. Wenn Babett besonders gut gelaunt war, spuckte sie noch mal in die Hände und sagte zu meiner am Ende ihrer Kräfte angelangten Mutter: „Auf, Gretel, geh'n mer noch mal?" Die Frage war schon Antwort. Gretel gehorchte – allerdings nach kurzer Verschnaufpause.

Selbstverständlich hatte Babett eine Axt dabei, was verboten war. Dem Förster, welcher der ortsbekannten Holzsammlerin begegnete, antwortete sie auf die Frage: „Babett, du hast doch kein Beil dabei?" wie aus der Pistole geschossen: „Aber Herr Oberförster, Gott bewahr', e

Beil hab' ich gar net." Jedermann hätte allerdings auf dem Boden des Leiterwagens die in einen Sack gewickelte Axt sehen können. Der Förster aber nicht. „Is schon gut, Babett", sprach der gutmütige Mann. Wahrscheinlich drückte er beide Augen zu.

Auf meine Lüge-Vorwürfe antwortete sie kurz und bündig: „Ich hab' kein Beil. Mein Beil is ne Axt." Babett war eben nicht nur Holzsammlerin, sondern auch eine schlaue Frau und zwischendurch schon mal Holzfällerin. An Kraft fehlte es ihr jedenfalls nicht.

Schorsch hatte in dem Babett'schen Holzverarbeitungskombinat die Aufgabe, die Äste in ofenfertige Stücke zu zersägen, notfalls zu spalten. Dies tat er mit beamtenmäßiger Präzision. Kein Stück Holz war kürzer oder länger als das andere.

Babett übernahm anschließend auch den Transport des für uns abgezweigten Brennholzkontingentes. Später verlängerte sich die Transportstrecke, weil meine Mutter vor den nächtlichen Fliegerangriffen auf Rüsselsheim ins ziemlich weit entfernte rheinhessische Schafhausen geflohen war. Dorthin transportierte Babett mit dem dazugehörigen Schorsch das uns zustehende Holzkontingent.

Erst ging es mit der Reichsbahn von Rüsselsheim nach Schafhausen, zweimal umsteigen inklusive, dann über eine lange Dorfstraße, von allen Einheimischen neugierig beäugt, zu unserer kleinen, zugigen Wohnung mit ihren zwei schwer beheizbaren Zimmern.

Für die Holzüberführung benutzte Babett einen riesengroßen, prall mit Holzscheiten gefüllten Sack, den sie im Laufen in traumwandlerischer Balance quer auf ihrem

Kopf hielt, der rechte Arm in die Hüfte gestemmt, der linke in mit ihrer Schrittbewegung abgestimmter Pendelbewegung. Schorsch folgte diesem Transport mit drei Schritten Abstand, sonntäglich gekleidet und mit einem kostbaren Spazierstock ausgestattet. Unbefangene Zuschauer mögen das seltsame Paar für den Großgrundbesitzer und seine vorauseilende Magd gehalten haben. Das war jedoch eine Täuschung. Babett war auch hier Befehlshaberin und Schorsch ihr als Herr getarnter Adjutant.

Babett war ein Organisationsgenie, überhaupt eine Spezialistin für die elementaren Überlebensübungen. Oft hatte ich den Eindruck, dass sie, wenn sie zum „Stoppeln" mit Geierblick über abgeerntete Getreide- oder Kartoffelfelder schritt, noch mehr Ähren und Kartoffeln fand, als der Bauer zuvor geerntet hatte. Ihre Perfektion im nachträglichen Ernten brachte sie fast in die Position des Selbstversorgers. Öl verschaffte sie sich und uns aus Bucheckern, die im Wald gesammelt und anschließend zur Ölmühle gebracht wurden.

Zur Hochform lief sie in Sachen Zuckerrüben auf. Dazu bestellte sie selbst einen kleinen Acker. Die ausgewachsenen Rüben wurden aus dem Boden gezogen, nach Hause gebracht, in der Keller-Waschküche von Erdresten befreit und geschrubbt, in fingerdicke Stücke zerhackt und in einer Maschine, die eigentlich zum Wäschetrocknen vorgesehen war, ausgepresst. Der Sud wurde dann in einem über dem Feuer stehenden Riesenwaschkessel zu Sirup eingedickt. Dazu musste Babett eine Tages- und eine Nachtschicht zusammenlegen, weil einerseits die Zuckermasse ununterbrochen mit einem Riesenholzlöffel gerührt werden musste und andererseits das Feuer des ständigen Nachschubes von Brennmaterial bedurfte. Babett war an jeder Stelle dieser Produktionskette von der Ernte der Zuckerrüben bis zum Abfüllen des Sirups in Gläser Chef und ausführendes Organ.

Ab und zu besuchte ich sie am Kessel. Weniger, um sie zu unterstützten, sondern mehr, um nachzusehen, wie weit die Sirupkrusten gediehen waren, die sich an den Rändern des Kessels bildeten und von Babett mit einem scharfen Messer abgekratzt wurden, um sodann in der Tasche ihrer großen Schürze zu verschwinden. Aus dieser mobilen Vorratskammer wurde ich dann mit diesen „Bonbons“ gefüttert. Meine Mutter schimpfte: „Das is net gut für die Zähn’.“ Babett nickte und sagte: „Ja, ja, Recht haste, Gretel“, und machte doch weiter. So war sie: weniger an der Gesundheitstheorie, sondern mehr an einer pädagogischen Praxis orientiert, die der Maxime folgte: „Was dem Bub gut schmeckt, ist auch gut für ihn.“ Babett, die „alma mater familiaris“ oder die „Rüsselsheimer Mutter Courage“.

Mit Lieschen, der Becke-Oma, habe ich nie „gekuschelt“. Nie hat sie mich in ihre Arme genommen. Dafür hat sie mich umso mehr mit dem reichen Schatz ihrer Sprichwörter, Bibelzitate und pädagogischen Aphorismen traktiert. Ihre Lieblingsmaxime lautete: „Das Bäumchen biegt sich, doch der Baum nicht mehr.“ Ich sollte also frühzeitig füg- und biegsam gemacht werden. Das gelang allerdings nur mit mäßigem Erfolg, was mir ständig „pädagogische Beugeübungen“ einbrachte. Dass die Kinder früher fleißiger, frommer und braver gewesen seien, von dieser Wahrheit war sie nicht abzubringen. Zu den jährlichen Bildungsveranstaltungen, zu denen sie mich mitnahm, gehörte in der Weihnachtszeit die Rundreise durch sämtliche Mainzer Kirchen zwecks Besichtigung der Weihnachtskrippen. Mir hat's gefallen, besonders die Kopf-Nick-Übungen, welche eine dazu bestimmte Heiligenfigur machte, wenn man ihr ein Geldstück in den Schoß fallen ließ. Die Hautfarbe der Nicker war merkwürdigerweise immer schwarz.

Einmal im Jahr ging ich mit Becke-Oma zur Wallfahrt nach Marienthal. Das war schweißtreibend, anstrengend und fromm. Zu Hause gab es jedoch immer viel zu erzählen. Den ersten Leichnam habe ich in der Marienkapelle der Wallfahrtskirche aufgebahrt gesehen. Ich umkreiste den toten Pater und durfte ihn – einen Schritt hinter Oma – mit einem Palmzweig besprengen, den ich zuvor in den Weihwasserkessel getaucht hatte.

Oma Lieschen versprach mir auf dem Sterbebett, mit mir noch nach Kamp-Bornhofen zu wallfahren, sogar mit einem großen Schiff der Köln-Düsseldorfer Rheinschifffahrtslinie. Dazu kam es nicht mehr. Sie starb unter Stöhnen und Schmerzen und Verwünschungen und eigentlich gar nicht so fromm, wie sie ein Leben lang gewesen war. Gott hab' sie selig.

Lieschen war zwar eine ewige Weltverbesserin und hat es sich und den anderen nicht leicht gemacht. Aber ich würde meine Hände dafür ins Feuer legen, dass sie immer das Beste für uns wollte.

Babett hat es mit Gewissensqualen oder Skrupeln nicht so schwer gehabt. Sie sorgte für sich und die Ihren mit geradezu animalischer Penetranz. Und fröhlich war sie auch noch dabei.

Zu meinen frühkindlichen Glückserlebnissen gehörte immer die Übernachtung bei „Blüme-Oma und -Opa". Wenn Babett alles erledigt, das Abendessen hinter sich gebracht, gespült und die Küche sauber gemacht hatte und Schorsch schon im Bett war, setzte sie ihren kleinen, niedrigen Schemel vor den Ofen und sich darauf, öffnete die Ofentür und nahm mich auf ihren Schoß. Ich versank dann in der Mulde ihres weiten Rockes zwischen ihren Beinen. Auf dem Herd brummte ein gusseiserner Kaffeekessel. Die Küche war dunkel, Glut strömte aus der Ofentür und färbte unsere Gesichter rot. Dann begann Oma, eintönige Kinderlieder im Gleichklang mit dem Kaffeekessel zu summen und zu singen. Und wenn sie mir im Halbschlaf, in dem ich dahinschlummerte, ins Ohr sang: „Schlaf, Kindchen, schlaf, Deine Mutter hüt't die Schaf', Dein Vater ist im Pommerland, und Pommerland ist abgebrannt", dann verstand ich: Mutter sorgt für mich, dass ich Kleider am Leib, Schuhe an den Füßen und wir Essen auf dem Tisch haben. Sie „hütet" die Schaf. Draußen brennt die Welt (im Pommerland). Vater ist im bösen Krieg. Oma ist daheim und hält mich auf dem Schoß. – Sicherer habe ich mich im Leben nie mehr gefühlt. Und als ich später im Religionsunterricht etwas von „Abrahams Schoß" als einem Ort überirdischer Geborgenheit hörte, wusste ich, wo sich seine irdische Dependance befindet: bei Oma vor dem Ofen in der Mulde ihres Rockes.

Wenn ich eingeschlafen war, brachte sie mich so, wie ich war, eingekleidet samt Stiefeln und Strümpfen, ins

Bett. Sie selbst machte es auch nicht anders, sondern legte sich ebenso gestiefelt und gespornt unter die Bettdecke. Sie hatte für diese zivilisationsfremde Übung eine einleuchtende Begründung: „Wenn's Fliegeralarm gibt, verlieren wir keine Zeit mit Anziehen." Die Begründung war plausibel. Deshalb verließ Babett auch nie schon beim ersten Sirenengeheul, wie ich es gewohnt war, das warme Bett, sondern immer erst, wenn die ersten Bomben blitzen und krachten. Dann aber zügig und – wie gesagt – ohne Zeitverlust durch Ankleiden. Schorsch kam hinterher, nie vor Babett – wie beim Holztransport.

Babett wurde sehr alt. Aber der Kraftprotz verwandelte sich zu guter Letzt in ein Häuflein Elend, welches das Leben nicht mehr verstand. Ihre muskelstarken Arme, von Wind und Wetter gebräunt, bleichten und glichen schließlich dünnen, dürren Ästen. Ihre dunkle Stimme gab nur noch Piepstöne von sich. Aus ihrem kraftvollen Schritt war ein ängstliches Trippeln geworden. Die einst pechschwarzen Haare hingen ihr grau und wirr ins Gesicht. Die Augen wurden leer und stierten ins Unendliche. Sie erkannte niemanden mehr, sich selbst auch nicht. Kein Kinderlied vor der Ofentür kam mehr über ihre Lippen.

Dennoch – meine Oma Babett bleibt in meiner Erinnerung immer eine schöne und starke Frau, und nichts, aber auch gar nichts, auch nicht ihr verwirrter Abschied, kann mir das Erlebnis ihrer Kraft und Stärke nehmen.

Zummerer Zenz oder „Die Weiße Frau"

Sie hatte ein ängstliches Gemüt und war dennoch furchtlos. Sie zog mit dem Teufel vor die Hütte, wenn es sein musste. Droben auf der Alm war sie die absolute Monarchin. Dort fürchtete sie weder Mensch noch Kuh.

Nachts war es ihr jedoch immer und überall unheimlich, ohne dass sie hätte angeben können, was ihr Angst machte.

Tagsüber: furchtlos – nachts: ängstlich. Das ist die Zummerer Zenz.

Die Zummerer Zenz ist eine Frau mit Schwielen an den Händen und einer zart besaiteten Seele. 41 Jahre zieht sie Jahr für Jahr im Frühsommer mit den Kühen auf die Alm hinauf und im Herbst wieder von der Alm hinab. Als Kind von acht Jahren wurde sie zum ersten Mal zum Kühehüten „abgeordnet". Es gefiel ihr. Viel frische Luft und wenig Aufsicht gab es dort oben auf den Bergwiesen.

Jetzt aber reicht's bald.

Obwohl sie erst 49 Jahre alt ist, haben Wind und Wetter und harte Arbeit ihre Spuren an der Zummerer Zenz hinterlassen. Der Rücken wird krumm. Sie spürt langsam jeden ihrer Knochen, die Gelenke beginnen zu schmerzen. Rheuma quält sie.

Trotzdem: auch diesmal ist der Sommer schön. Jeder Tag ist anders. Von wegen langweilig. Was wissen die Städter von dem Einfallsreichtum der Natur? Das Wetter wechselt ständig sein Programm: von saumäßig bis paradiesisch.

Die Zummerer Zenz ist der Mittelpunkt der Sonnenalm. Sie melkt ihre Kühe, macht Butter und Käs', hält Wege und Trampelpfade gangbar. Sie ist nebenher noch Wetterfee, Naturheilkundlerin, Kuhhebamme – und notfalls sogar Dompteurin eines wildgewordenen Rindes.

Nur selten taucht ein Tourist bei der Zummerer Zenz in der Hütte auf. Was soll er auch dort? Die Alm ist abgelegen und hoch und die Zummerer Zenz nicht übermäßig gastfreundlich. Sie will mit ihren Kühen und ihrem Pferd Rosa am liebsten alleingelassen werden. Meist hat sie Besucher schnell wieder weggemotzt.

Wenn ein Tourist vorbeikommt, der ihr nicht ganz geheuer ist, dann geht sie in die Hütte und simuliert laut ein Gespräch mit ihrem nicht vorhandenen Kumpanen. „Mach Feuer im Ofen und stell das Essen auf." – „Was soll ich denn kochen?" – Du weißt, wir haben nicht viel." – „Sei sparsam." – „Haben wir kein Geld auf der Hütte?" – „Nein, keinen Pfennig." – „Hast du die Axt in der Küche?" – „Hol das scharfe Messer, ich will den Schinken schneiden."

Die fingierten Dialoge befördern nur zwei Botschaften: Hier sind arme Leute, aber wir können uns wehren. Mit solchen Kraftmeiereien täuscht sie vor, nicht alleine und allzeit wehrhaft zu sein. Die imaginäre Stimme ihres Partners ist allerdings dieselbe wie die ihre. Zummerer Zenz stört die kleine Darstellungsschwäche nicht. Sie ist fest davon überzeugt, dass diese verbale Attrappe schon manchen potentiellen Attentäter abgeschreckt hat.

Manche meinen, die Zummerer Zenz sei im Laufe der Jahre abgestumpft oder übergeschnappt. „Kein Wunder", sagen sie, „immer das Gleiche: Im Sommer Sennerin auf der Alm, im Winter Stallmagd beim Bauern ... immer nur Kühe, Kühe, Kühe. Der Zummerer Zenz war es allerdings auf der Alm keine Stunde langweilig. „Jede Kuh ist anders", sagte sie. Und sie muss es wissen.

Die Städter, so meint die Zenz, sehen die Welt seitenverkehrt. Dort in der Stadt ist alles geregelt. Bei ihr auf der Alm gibt es jeden Tag Überraschungen.

Die Zummerer Zenz trägt sogar ein kleines Päckchen Liebesleid still mit sich.

Der Wastl, drunten im Dorf, Sohn des zweitreichsten Bauern, hatte der Zummerer Zenz einst die Ehe versprochen. „Madl, i hab di zum Fressen gern", hat er immer gesagt, womit die Stärke seines Liebeshungers hinreichend beschrieben ist.

Als die Zummerer Zenz jedoch eines Herbstes wie immer ins Tal kam, war ihr Wastl unter der Haube. Mit keinem Wort hatte er das Vorhaben irgendwann angekündigt. Er hatte einfach geheiratet. Besser gesagt: Er musste heiraten, weil sein Vater sich nicht das Gasthaus „Zum Hirschen" entgehen lassen wollte, welches der Heimsatter seiner einzigen Tochter als Erbe hinterlassen hatte. Bei einem solchen Objekt hatte Wastl gar keine andere Wahl, denn sonst wäre das Wirtshaus an den Sohn des reichsten Bauern im Dorf gegangen, der bereits ein Auge auf Gasthaus und Wirtin geworfen hatte. Wastls Familie war seit drei Generationen mit der Familie des Großbauern verkracht, so dass schon alleine zur Abwehr einer Niederlage im Krieg der Familien die Zummerer Zens der Heimsatter-Tochter den Vortritt lassen musste. Zummerer Zenz nahm das alles klaglos, aber nicht schmerzlos hin. „Madl“, hat der Wastl der Zummerer Zenz gesagt, „Madl, das mit der Heimsatterin ist Sache des Geschäfts. Mit uns aber, weißt du doch, Madl, ich hab’ dich zum Fressen gern.“

Die Zummerer Zenz wollte aber nicht mehr gefressen werden. Niemals mehr rührte das Madl ein Mannsbild an, obwohl sie doch früher so gerne geknutscht hatte. Die Zummerer Zenz kennt überhaupt wenige Menschen, mit denen sie reden kann oder will, und gar keine, denen sie ihr Herz ausschütten darf.

Ihr Pferd Rosa ist ihr treuester Gefährte und ständiger Gesprächspartner. Rosa antwortet zwar nie, hört ihr aber immer still zu, wenn die Zenz mit ihr redet.

In vielen, vielen Jahren ist dort oben auf der Alm bei Sonne und Regen, unter Blitz, Gewitter und strahlendem Himmel zwischen der Zummerer Zenz und Rosa, dem Pferd, ein fast symbiotisches Treueverhältnis entstanden. Zenz findet Rosa immer, wenn diese entlaufen scheint, und der Rosa entgeht die Zenz nicht, wenn sie sich auf ein einsames Wiesenplätzchen zurückgezogen hat. Beide finden sich und zusammen jede Kuh, die sich verstiegen hat.

Dreimal in den 41 Jahren stürzte eine Kuh ab, und die Zummerer Zenz musste sie tot ins Tal transportieren. Das war eine schwere Niederlage, denn die Zenz bekam für diese Saison kein Geld. Der festliche Almabtrieb mit bunt geschmückten Kühen und lauten Kuhglocken fiel aus. Die Rückkehr der Kühe fand in stiller Trauer statt.

Die Zummerer Zenz schlich sich dann mit ihrer Herde ins Dorf.

Auch diesmal ist wieder eine Kuh auf der Strecke geblieben. Diesmal geht die Zenz erst gar nicht mit dem Almabtrieb ins Tal, sondern lässt diesen von gedungenen Hirten besorgen. Die Niederlage und die Häme will sie sich nicht mehr antun. Sie wird in drei Tagen nachkommen, sagt sie.

Erst macht sie noch die Hütte sauber und winterfest, verschließt Türen, Fenster und Läden und versteckt die paar Habseligkeiten, die über Winter auf der Alm blieben, in einem Erdloch. Dann bricht sie auf.

Schon am Nachmittag beginnt es aus heiterem Himmel plötzlich kräftig zu schneien. Ein Wetterumschwung. So etwas beunruhigt die Zummerer Zens nicht. Sie sucht nach einem Unterschlupf. Sie hat Zeit. Komm' ich heut' nicht, komm' ich morgen. Ziellos reitet sie durch den Wald. Als der Schnee zu hoch liegt, steigt sie vom Pferd. Rosa und Zenz stampfen beide durch den dunklen Wald. Nacht ist es schon geworden. Nach Stunden entdeckt die Zummerer Zenz eine unbekannte Kapelle. Hier in dem Tal war sie noch nie; also ist sie vom rechten Weg abgekommen. Aber was soll's. Sie hat ein Dach über dem Kopf.

Zenz und Rosa machen in der Kapelle Quartier. Die Zenz schließt die Tür vor dem kalten Wind, zündet eine Kerze an, die sie vom Altar holt, legt Decken und den Sattel auf den Boden und richtet für sich und Rosa ein gemeinsames Lager ein. Zenz packt den Proviant aus den Satteltaschen und teilt die Vorräte mit Rosa. Sie haben genug zu essen. Zenz hat natürlich alles Essbare aus der Hütte mitgenommen. Nichts darf schließlich verderben.

Am nächsten Morgen erwacht die Zenz, als ihr Gaul schon die Kapelle inspiziert. Die Zummerer Zenz nimmt sich auch jetzt Zeit. Erst wird gefuttert, dann marschiert. Sie bepackt noch in der Kirche das Pferd.

Es kann losgehen.

Doch was ist los? Es geht nicht los! Die innere Türklinke fehlt. Auch das löst noch keine Panik bei der Zummerer Zenz aus. Sie versucht mit einer Stricknadel, den Schlüssel, der draußen steckt, aus dem Schloss zu bugsieren. Das gelingt. Jetzt fehlt ein Dietrich, um das Schloss öffnen zu können. Sie sucht in großer Gelassenheit. So schnell lässt sich die Zummerer Zenz nicht aus der Ruhe bringen. Irgendwie wird sich in der Kapelle ein Draht oder etwas finden, was als Dietrich brauchbar ist, denkt sie. Von der Kommunionbank bricht sie einen Haken ab, der möglicherweise als Dietrich verwendbar ist. Doch der Haken ist zu kurz für das dicke Schloss. Ein Draht ist zu dünn und verbiegt sich zu leicht.

Jetzt wird es langsam ungemütlich. Die Zummerer Zenz dirigiert Rosa an die Wand, legt alle Decken, die sie dabei hat, alle sonstigen brauchbaren Gegenstände, die sie gefunden hat, auf Rosas Rücken und klettert auf den künstlichen Turm, um die Kirchenfenster zu erreichen. Die Fenster einschlagen ist ihr rettender Gedanke. Doch eine Handbreit fehlte bis zum unteren Fensterrand. Und wie die Zummerer Zenz sich auch streckt und reckt, der Abstand wird nicht kürzer. Die Konstruktion schwankt, stürzt zusammen und die Zenz ab. Mit gebrochenem Fuß liegt die Zummerer Zenz auf dem steinernen Boden der Kapelle. „Sie werden uns suchen und finden", sagt sie laut zu Rosa und sich zur Beruhigung.

Die Burschen des Dorfes machten sich schon am Morgen nach dem Tag, an dem die Zenz zurückkommen wollte, auf die Suche. Bis zur Hütte kamen sie. Die Hütte war sorgsam abgeriegelt und alles sorgfältig verstaut. Kein Zeichen von etwas Ungewöhnlichem war zu finden. Die Spuren von Rosa fanden sie allerdings nicht. Sie lagen unter dem Neuschnee.

Am dritten Tag ihrer Gefangenschaft beginnt die Zenz zu randalieren. Sie schreit, sie zieht am Glockenseil. Aber weder Geschrei noch Geläut werden gehört, und kein Gebet wird erhört.

Die Suchtruppe aus dem Dorf sucht drei Tage. Dann geben sie auf. „Die Zummerer Zenz ist von der Erde verschluckt worden", sagen sie und heben die Schultern und schütteln die Köpfe. Auf die Idee, im Nachbartal zu suchen, war niemand gekommen. Wieso auch soll ausgerechnet die Zummerer Zenz sich verlaufen, wo die doch jeden Stein und Steg kennt?

Der Schnee verschluckt die Hilferufe der Zenz. Rosa bleibt still und stumm. Wie lange sich die Zenz und die Rosa gegen Erfrieren, Verdursten oder Verhungern gewehrt haben, wissen wir nicht. Die Zummerer Zenz wird bis zuletzt auf Rettung gehofft haben. „Der Wastl, der Wastl vergisst mich nicht."

Niemand kam jedoch in diesem Winter zur Kapelle Maria Hilf.

Im Frühjahr, als der Schnee geschmolzen war, die Bäche wieder flossen und die Frühlingsluft in den Bäumen hing, kamen die ersten Pilger zur Kapelle. Sie öffnen die Tür. Auf dem Boden liegen Zenz und Rosa, eng aneinandergekauert. Die Essensvorräte waren aufgebraucht. Sie sind offenbar ruhig eingeschlafen. Die Hand von Zenz lag auf der Mähne von Rosa.

Die Zummerer Zenz wurde unter großer Anteilnahme des Dorfes unter die Erde gebracht. Aber Ruhe fand sie nicht.

Seit jener Zeit wird immer wieder eine Weiße Frau nachts in der Nähe der Kapelle Maria Hilf gesehen. Und wenn niemand in der Kapelle und die Kirchentür fest verriegelt ist, dann reißt die Weiße Frau sogar am Glockenseil und lässt die Glocke über das Tal und durch die Nacht läuten.

Die Zummerer Zenz hat sich mit den Männern des Dorfes immer noch nicht versöhnt. Sie kann es nicht verstehen, dass die Burschen sie schon nach drei Tagen aufgegeben haben.

Dem Wastl wird sie die Treulosigkeit nie verzeihen: bis in alle Ewigkeit. Er hat sie doch so lieb gehabt, hat er gesagt.

Bericht I
Vaters Tod

Über den Tod lässt sich lange, launig, zynisch, philosophisch und ich weiß nicht wie reden. Niemand, der über ihn spricht, hat ihn selbst erlebt. Am nächsten kommt er uns, wenn er uns in der Nähe trifft. Bei mir waren es Mutter und Vater, und das war so:

Mein Vater hatte Lungenkrebs. Drei Jahre vor seinem Tod stellte ein Arzt dies fest. Er empfahl eine Operation.

Mein Vater war nie in seinem Leben im Krankenhaus gewesen. Mein Vater wollte auch diesmal nicht ins Krankenhaus. Ersatzweise versuchten wir ihm die Lehre vom gesunden Leben nahe zu bringen. Erster Therapievorschlag war ein Rauchverbot. Das war ein Versuch ohne jedwede Aussicht auf Befolgung. Mutter redete auf ihn ein, ich redete auf ihn ein. Doch einen alten Kettenraucher, der sechs Jahrzehnte Zigarettentraining hinter sich hat, verändert man im achten Lebensjahrzehnt nicht mehr. Auf eine lange, gut vorbereitete Suada über die todbringenden Gefahren des Nikotingenusses, zu der ich mich vor ihm aufgebaut hatte, erwiderte er trocken: „Stell dir vor, Norbert, gestern hab' ich in der Zeitung gelesen, auch Nichtraucher sterben." Was wollte ich da erwidern? Ich musste lachen und hatte verloren. Aber was hätte er davon gehabt, wenn ich gewonnen hätte? Vielleicht hätte er drei Monate länger gelebt. So blieb er bis zum Ende

Christian Blüm: der unveränderliche, glückliche Kettenraucher.

Meine Kinder, meine Frau und ich, wir waren in Hirtshals im Norden Dänemarks im Urlaub. Am Sonntagabend, müde von Meer und Strand, komme ich zurück in die Ferienwohnung. Das Telefon klingelt. Hans-Peter, mein Bruder, ist in der Leitung und sagt: „Komm zurück. Papa stirbt.“ Ich setze mich ins Auto und rase los.

Ab der deutschen Grenze bei Flensburg kann ich das Autotelefon benutzen. Ich rufe in regelmäßigen Abständen an. Hans-Peter sagt: „Beeil dich, er wartet auf dich.“

Ich rase ohne Rücksicht auf Geschwindigkeitsbegrenzungen, und um drei Uhr nachts bin ich an seinem Bett. Papa bekommt in der Aufregung über meine Ankunft Erstickungsanfälle. Mama ruft den Notarzt. Blaulicht, Rettungswagen, Tragbahre.

Ich frage den jungen, bärtigen Arzt: „Wozu ins Krankenhaus?“ – Er: „Wasser aus der Lunge pumpen.“ – Ich: „Was bringt das?“ – Er: „Drei Tage länger.“ – Ich: „Mama, willst du das?“ – Sie: „Nein.“ – Der Arzt: „Richtig“, packt seine sieben Rettungssachen zusammen und fährt ohne Blaulicht zurück.

So ist das. Die eingefahrene Rettungsroutine kann schon durch einen kleinen Einwand zur Besinnung gebracht werden.

Vatter blieb zu Hause. Er beruhigte sich. Aber er wusste, es geht zu Ende. Wir wussten es auch. Der Pfarrer kam und betete mit ihm, schien sich aber mehr für mich und die Politik zu interessieren als für den Sterbenden. Verwandte kamen und Nachbarn und Freunde. Das Sterbebett wurde zum Treffpunkt. Einmal, als das kleine Zimmer übervoll war, sagte Vater ironisch wie immer: „Ei, ich wusst' gar net, dass mir so viel Verwandt habbe."

Und montags nach Schichtende standen in der Ringstraße in Rüsselsheim Busse in einer langen Reihe. Sie waren alle gekommen, die Omnibusfahrer von der Adam Opel AG, um von ihrem Arbeitskollegen Christian Abschied zu nehmen. So standen sie ums Bett ohne große Worte, fast hilflos, aber liebevoll. Und ebenso einfach beschloss Vatter die „Betriebsversammlung am Sterbebett" mit dem alles zusammenfassenden Abschiedssatz, die Hand unter der Bettdecke hervorholend und winkend: „Halt' euch munter!" Sie gingen still. Im Treppenhaus war Schluchzen zu hören.

Der Dienstag ging auch noch vorbei. Am Mittwoch wurde es ernst. Die Ärztin kam abends. Ich frage sie, wann wir sie holen sollten. „Wenn er tot ist." Ich erschrak, aber sie machte mir klar: Es gab nichts Medizinisches mehr.

Wir machten uns für die entscheidende Nacht bereit. Vatter, Mutter, mein Bruder, eine Enkelin, meine Frau und ich. Alle saßen ums Bett. Marita saß bei seinen Füßen mit ihren Beinen unter seiner Decke. Er kämpfte schwer um jeden Happen Luft. Wir beteten, aber nur, wenn er wollte. Dann winkelte er den Arm an, spreizte die Finger, einer von uns gab eine zweite Hand dazu, und so hatten wir gefaltete Hände, halbe-halbe: eine Hand von Papa und eine von uns. „Vater unser ...", zwei- bis dreimal, dann reichte es wieder. Er winkelte die Hand ab und legte sie flach. Nach einiger Zeit, es war wieder Zeit, Hand hoch, beten. So ging es Stunde um Stunde.

Zwischendurch redete er kurz, ohne tragischen Gestus, aber ernst. Meist wollte er Wasser für seine Lippen. Gegen drei Uhr, ihren Kopf an seinen schmiegend, erzählte Mama die Geschichte ihres Lebens. „Weißt du, Christian“ – es ging von Hölzchen auf Stöckchen. Vom Maskenball in Mainz, wo sie sich zum ersten Mal gesehen hatten, über Gefangenschaft und Ferienerlebnisse. „Und weißt du, Christian, und weißt du noch und die Kinder … und damals … und dann, wie du gesagt hast … weißt du noch, Christian … weißt du noch“ – die unendliche Geschichte eines alten Ehepaares.

Und als sie unter Tränen und Lachen am Ende ihrer unsortierten Geschichte war, da fasste Christian, unterbrochen von der Anstrengung nach dem nächsten Luftzug, noch einmal alle Kraft für den Satz zusammen: „Gretel, es war alles sehr schön.“

Das war der letzte Satz, den ich von meinem Vater gehört habe. Ein paar Atemzüge später war er tot. Es war die schönste Quintessenz eines Lebens. Das Leben des Kraftfahrzeugschlossers Christian Blüm.

Bericht II
Mutters Tod

Meine Mutter starb zwei Jahre später. Und wieder war ich im Urlaub, und wieder rief mein Bruder an. Zuerst am Gründonnerstag mit der Nachricht, dass Mutter einen Herzanfall erlitten habe. Sie hatte auf Hans-Peter gewartet. Er wollte sie zum Osterbesuch abholen. Sie saß erwartungsvoll, aber schmerzgekrümmt auf ihrem Sofa. Mein Bruder holte den Arzt, der alarmierte den Rettungswagen. Doch Mutter stieg nicht in den Rettungswagen. „Nein, in den geh' ich nicht. Ich fahr' nicht mit Aufsehen ins Krankenhaus." Also fuhr sie mit Hans-Peters Auto ins Krankenhaus. Der diensthabende Arzt stellte Herzinfarkt fest. „Nein, so dramatisch ist das nicht. Das kriegen wir schon wieder hin." Ich wurde benachrichtigt. Am Samstagmorgen rief ich sicherheitshalber noch einmal an. „Keine besonderen Vorkommnisse. Alles normal." Vorsichtshalber fuhr ich um zwölf Uhr doch noch mal von der Piste ans Telefon. „Komm sofort, Mama stirbt, sie wartet auf dich."

Ich hatte die Wahl: 19 Uhr ab Klagenfurt mit dem Flugzeug nach Frankfurt/Main oder sofort und direkt mit dem Auto nach Rüsselsheim. Die geschätzte Ankunftszeit war ungefähr gleich. Ich entschied mich gegen den gesunden Menschenverstand für das Auto. Wieder raste ich los wie bei Papa. Wer ist schneller, der Tod oder ich? Zu allem Unglück überfuhr ich noch die Autobahnabfahrt nach Rüsselsheim. Kostbare Minuten waren verloren. Diesmal hatte ich kein Autotelefon, wusste also nicht, ob meine Rennfahrt noch Sinn hatte.

19.45 Uhr war ich in Rüsselsheim. Ich klingelte an unserer Haustür. Mein Bruder öffnete das Fenster und meinte seelenruhig, ich sollte doch erst hochkommen, er habe warme Fleischwurst, meine Lieblingsspeise. Ich hielt ihn für verrückt. Er kam herunter, wir fuhren ins Krankenhaus. Durch lange Gänge erreichten wir die Intensivstation. Da lag sie.

Mama: „Endlich bist du da.“ Dem Pfleger machte sie liebevolle Vorwürfe, dass er ihr nicht, wie ausgemacht, ihre Zahnprothese zurückgegeben hatte, bevor Norbert kam. Wir lachten: „Willst du heute Abend noch auf den Wackel, Mama?“ – „Norbert, immer du mit deinen dummen Reden.“ Plötzlich Befehlsausgabe: „Hast du was gegessen? Im Kühlschrank ist noch Fleischwurst. Hans-Peter, du schläfst in meinem Bett und du, Norbert, in Papas Bett. Und jetzt geht.“

„Wieso, ich bin doch gerade erst gekommen?“ – „Doch, geht jetzt, geht.“ – „Wieso geht?“, motzte ich. Aber sie setzte sich durch, wie immer: Wir gehen, kopfschüttelnd und knurrend. „Also bis morgen früh.“ Verstohlen ein Kreuz auf meine Stirn, verstohlen eins auf ihre. Ich drücke noch mal kurz den Kopf an ihren. An der Tür drehen wir uns noch lachend um. Sie winkt – lieblich wie ein junges Mädchen. Wir winken und lassen die Tür hinter uns ins Schloss fallen. „Bis morgen früh.“

Wir setzen uns ins Auto und fahren fast vergnügt nach Hause. Zu Hause angekommen, schon im Treppenhaus, hören wir das Telefon klingeln. „Ja, Blüm." – „Ihre Mutter ist soeben verstorben."

Wir rasen zurück ins Krankenhaus, hasten Treppen hoch und Gänge entlang. Da liegt sie wie vor zwanzig Minuten. Schön. Sie hatte so schöne, feingliedrige Hände. Friedlich. Und sie lächelt, als freute sie sich, uns überlistet zu haben. Ich gab ihr einen Kuss. Sie gab keine Antwort mehr, nie mehr.

Es war 20.30 Uhr. Mit dem Flugzeug wäre ich jetzt noch nicht bei ihr gewesen. Ich wäre zu spät gekommen. Aber vielleicht hätte sie auch noch diese zwanzig Minuten gewartet.

In der Nacht gingen wir in die Auferstehungsmesse. „Christ ist erstanden." Ostern war ihr Lieblingsfest. Halleluja!

Pfarrer Beichert erzählte uns nach der Messe von ihrem letzten Tag. Mittags war er bei ihr.

„Kommt Norbert noch?", habe sie ihn gefragt.

„Bestimmt, Frau Blüm."

„So lange warte ich noch."

„Herr Pfarrer, ist Sterben schwer?", habe sie ihn gefragt.

„Ich weiß es nicht, Frau Blüm. Ich habe es doch auch noch nicht erlebt", antwortete der Pfarrer wahrheitsgemäß. „Aber wenn man so fromm ist wie Sie, muss es doch leicht sein." – „Dann will ich's mal probieren", war ihre Antwort.

„Es war alles sehr schön" und „Dann will ich's mal probieren" – das sind meine kostbaren Erbstücke von Mama und Papa.

Nachwort

Die großen Moralphilosophen von Aristoteles über Kant bis Rawls haben in großen, eindrucksvollen Systemen das menschliche Handeln erklärt und das, was wir dürfen und sollen, in Regeln gefasst.

„Unter die Haut" der Menschen ist jedoch selten einer der vielen Imperative gegangen, die aus Moralsystemen abgeleitet werden. Das Leben ist halt nicht immer systematisch. Kein Leben gleicht dem anderen.

Die Herzen der Menschen werden eher vom Mitgefühl erreicht als vom Mitdenken.

Die große Literatur hat das moralische Empfinden mehr bewegt als alle sozialwissenschaftlichen und philosophischen Bibliotheken zusammen. Tristan und Isolde, Romeo und Julia, Ophelia, Gretchen, Anna Karenina, Effi Briest … haben von den unheimlichen Dimensionen der Liebe wahrscheinlich mehr ans Licht gebracht, als dies beispielsweise eine empirisch belegte oder normativ vermessene Sexualethik vermag.

Gerhard Hauptmanns „Weber" entzündeten das Mitgefühl stärker als dies das „Kapital" von Karl Marx schaffte. Woyzeck hat der geschundenen Kreatur Mensch eindringlicher Ausdruck verschafft als dies kluge Philosophen je vermocht hätten.

Es ist überraschend, dass der Erzvater des Kapitalismus, Adam Smith, nicht nur das Hohelied des Eigennutzes sang, sondern in seiner „Theorie der moralischen Gefühle“ der Empathie die Aufgabe zuwies, den Eigennutz zu bändigen.

Die Fähigkeit, sich in den anderen hineinzuversetzen, ist die *differentia specifica*, welche die menschliche Gattung von der tierischen unterscheidet. Wahrscheinlich haben die Menschen früher gelernt, mitzufühlen als miteinander zu sprechen. Das Mitgefühl ist eine Quelle der Moral und ein konstituierendes Merkmal des Menschen.

Die Schicksale von Michel, Sonja, Elvira, Fritz, Lea, Sebastian, Alfons, Adolf, Taneli, Ernst, Babett, Zenz, Christian und Gretel lassen sich allesamt nicht verallgemeinern, aber sie üben unser moralisches Empfindungsvermögen, das von universalisierten moralischen Normen selten erreicht wird.

Unverzagt und unverblümt

Menschliches und Allzumenschliches

HERDER spektrum

256 Seiten, Paperback

ISBN 3-451-05

Er ist unkonventionell ... beobachtet, ... leidenschaftlich ... Seine schönsten ... texte – das ...

Das Defizit der hohen R...

Nachdenkliches

256 Seiten

gebunden ...

ISBN 3-45

Norbert B... Bodenhaftung ... und nicht ... sich nicht ... Sein Mut ... Menschlichkeit ... und Gespür ... meister der ...

HERDER